Gütersloher Taschenbücher / Siebenstern 190

PAUL TOURNIER

Die Jahreszeiten unsres Lebens

ENTFALTUNG UND ERFÜLLUNG

GÜTERSLOHER
VERLAGSHAUS
GERD MOHN

Originalausgabe

CIP-Kurztitelaufnahme der Deutschen Bibliothek

Tournier, Paul:
Die Jahreszeiten unsres Lebens: Entfaltung u.
Erfüllung / Paul Tournier. – Orig.-Ausg.,
4. Aufl., (24.–28. Tsd.). – Gütersloh:
Gütersloher Verlagshaus Mohn, 1983.
(Gütersloher Taschenbücher Siebenstern; 190)
ISBN 3-579-03729-3

NE: GT

ISBN 3-579-03729-3

4. Auflage (24.–28. Tsd.) 1983

Gesamtherstellung Clausen & Bosse, Leck
Umschlagentwurf: Dieter Rehder, Aachen
Printed in Germany

INHALT

1. Die Jahreszeiten unsres Lebens

So lautete der Titel eines Vortrags, den ich vor einigen Jahren in Deutschland auf Verlangen gehalten habe. Wenn ich ein bestimmtes Thema behandle, pflege ich vorher mit meiner Frau, mit Patienten und Freunden darüber zu diskutieren. Denn im Gespräch kommen einem die Gedanken. Man leistet den Menschen einen Dienst, wenn man sie auf wichtige Lebensprobleme hinweist und sie auffordert, darüber nachzudenken, sich ihrer persönlichen Überzeugungen bewußt zu werden und sie klar auszudrücken. Als ich eine junge Frau um ihre Ansicht über jenes Thema befragte, rief sie aus: »Beabsichtigen Sie wirklich über so etwas zu sprechen? Das gehört in die Romantik! Erstens ist das Bild unzutreffend: In der Natur kehren die gleichen Jahreszeiten stets wieder; auf einen Herbst und Winter folgt immer von neuem ein Frühling. Wenn wir hingegen von den Jahreszeiten eines Menschenlebens sprechen, weisen wir auf eine einmalige Entwicklung hin, die mit dem Tode endet. Aber vor allem ist es nicht Ihre Aufgabe«, fügte sie hinzu, »vom Menschen ein Bild zu entwerfen, das ihn in eine unerbittliche, naturgebundene Entwicklung hineinstellt. Ich kenne Sie gut! Ihre Botschaft ist die des Wunders. Sie glauben, daß es beim Menschen im Gegensatz zur Natur auch im Herbst Frühling werden kann.«

Ja, es kann bei ihm Frühling im Herbst werden, und das ist es, was den Menschen kennzeichnet. Sogleich erinnerte ich mich an einen alten Professor, der mit über achtzig Jahren noch zum Glauben gekommen war und immer wieder sagte: »Ich fühle mich wie ein neugeborenes Kind;

mein Leben fängt erst jetzt an!« Dieser Freund war nach sehr strengen moralischen Grundsätzen erzogen worden, aber ohne jede religiöse Bezugnahme. Und plötzlich ist er Gott begegnet. Erschüttert hat er ja zu ihm gesagt. Das ganze Leben schien ihm verwandelt; er begann es nun in seinem wahren Licht zu sehen und rief immer wieder aus: »Ich bin wie ein neugeborenes Kind.«

Tatsächlich schien er sowohl körperlich wie geistig verjüngt. Die Wirkung der Gnade durchdringt den ganzen Menschen; sie verändert sowohl die physiologischen Vorgänge des Körpers in all seinen Organen wie auch die psychischen Phänomene. Und dennoch war der Vergleich mit dem »neugeborenen Kind« eine starke Übertreibung. Der Professor behielt sein Alter und mußte weiter damit rechnen, wie verjüngt er sich auch vorkam. Er konnte auch nicht seine ganze Vergangenheit, alles, was er erlebt und erfahren hatte, auslöschen. Er sah die Dinge jetzt nur in einem andern Licht, was seinem verflossenen Leben einen neuen Sinn gab. Die Wunder Gottes befreien uns nicht von der Bindung an die von ihm eingerichtete natürliche Lebensordnung.

Ebenso kann ein Kind bisweilen einige Grundwahrheiten des Lebens ganz spontan und mit solcher Eindringlichkeit erfassen, daß die Erwachsenen sich erstaunt anblikken und bei sich denken: Wie frühreif ist doch dieses Kind! Andere, wie der kleine Samuel, können Kontakt mit Gott finden, ohne sogar zu wissen, daß es Gott ist, der zu ihnen spricht und dem sie antworten. Diese natürliche Intuition für geistige Wirklichkeiten ist beim Kind noch keineswegs gestört wie später beim Erwachsenen, so daß Jesus den alten Schriftgelehrten, die nichts von seiner Botschaft verstanden, die Kinder als Vorbild hinstellen konnte. Ebenso ist es auch möglich, daß ein Kind eine geniale Zeichnung entwirft, bevor es schon etwas gelernt, besonders wenn es noch keinen Zeichenunterricht erhalten hat.

Man wird damit vielleicht noch zurückhalten, aus Angst, sein kindliches Talent zu zerstören. Aber es wird immer nur ein Wunderkind bleiben, es wird nie ein wirklicher Künstler werden, wenn es sich nicht einem Studium unterzieht und die ganze dazu erforderliche Entwicklung durchläuft, wenn es seine kindliche Denkweise nicht ablegt, so rührend sie auch sein mag. Und wenn Jesus sagt, daß wir wie die Kinder werden müssen, um ins Himmelreich zu kommen, so meint er damit, ihnen ähnlich werden und nicht, Kinder sein; er weist dabei offensichtlich auf eine erworbene, sich später entwickelnde Ähnlichkeit hin, zu welcher man jenseits aller natürlichen Entwicklung im Leben und seiner notwendigen Krisen gelangt. So erging es auch meinem alten Professor. Sowohl der Greis wie das Kind bleiben also den Erfordernissen der Natur unterstellt, trotz all der unerwarteten Ereignisse, die ihnen zustoßen können und die beim Tier nicht eintreten. Es ist kennzeichnend für den Menschen, daß er sich der Natur gegenüber einige Freiheiten erlauben, sich jedoch nie ihren Gesetzen ganz entziehen kann.

Das brachte der heilige Thomas von Aquin in jenem berühmten Satz zum Ausdruck: *Gratia non tollit naturam* – die Gnade hebt die Natur nicht auf. Ja, der Mensch gehört nach dem Willen Gottes zur Natur, und kein noch so wunderbares religiös-geistiges Erlebnis befreit ihn von seiner natürlichen Beschaffenheit. Das geht schon aus der Schöpfungsgeschichte hervor. Der Mensch ist Gegenstand einer besonderen Schöpfung, die ihn grundlegend von den Tieren unterscheidet. Aber seine Erschaffung reiht sich in die Schöpfung der gesamten Natur ein. Er ist das letzte Schöpfungswerk Gottes, sein Meisterstück. Genaugenommen ist es die Frau, die später als der Mann erschaffen wurde; sie ist die Krone der Natur.

Die ganze Bibel stellt den Menschen als integrierenden

Bestandteil der Natur dar. Er kann sich zwar zu Bewußtsein und Vernunft aufschwingen, Abstand nehmen von der Welt, sie als Objekt betrachten, wissenschaftlich erforschen und im Glauben bewundern, aber er gehört zu dieser Welt. Kein wissenschaftlicher Fortschritt und kein noch so kühner Glaube können ihn aus der Natur herausnehmen. Wenn der Psalmist die Werke Gottes in der Natur lobpreist, weist er gleichzeitig auf den Menschen als das größte Wunder der Natur hin. Und alle diese Bibelstellen, so beispielsweise, wenn Jesus Christus den Menschen mit einem Baum vergleicht, der der göttlichen Nahrung bedarf, um Früchte zu tragen, zeigen deutlich diese Naturzugehörigkeit des Menschen.

Darum fühlt sich zum Beispiel der Arzt zum Studium der Natur hingezogen. Alle medizinischen Fortschritte sind durch jene der Naturwissenschaft bestimmend beeinflußt worden. Und auch die Psychologie hat ihren wirklichen Aufschwung erst genommen, als sie sich entschieden von der Philosophie und der Theologie abwandte, um sich streng den Methoden der Naturwissenschaft unterzuordnen. Bacon hat zu Beginn des modernen Zeitalters der Wissenschaft einen Satz aufgestellt, der immer seine Gültigkeit behalten wird: »Man beherrscht die Natur nur, indem man ihr gehorcht.« Und Armand Vincent hat den Arzt und seine Berufung in einem Buch beschrieben, das den schönen Titel trägt: »Le jardinier des hommes«. Ja, wir sind wirklich Gärtner; wir können die Natur nur unterstützen, sie aber nie ersetzen. Die Menschheit fühlt sich fast wie berauscht von den wunderbaren Erfolgen der Technik – die aber immerhin gänzlich dem Studium der Natur zu verdanken sind –, und sie kümmert sich immer weniger um die Erfordernisse der Natur; gewisse junge Ärzte schreiten zu immer größeren therapeutischen Kühnheiten. Allerdings sind diesen Wagnissen unüberschreitbare Grenzen gesetzt, jenseits derer die Natur sich rächt.

In der so konkreten Anschauungsweise der Bibel ist unter der göttlichen Nahrung, von der Jesus Christus spricht, nicht nur der Heilige Geist zu verstehen. Es ist ebenso die dem Menschen von Gott verliehene Lebenskraft damit gemeint, die seine körperlichen Vorgänge regelt, sowie die Libido, die seine psychischen Mechanismen antreibt. Insofern der Mensch ein Teil der Natur ist, untersteht er den Kräften und Gesetzen der Natur. Aber er unterscheidet sich vom Tier dadurch, daß Gott ihn »nach seinem Bilde« geschaffen hat, das heißt gleichzeitig als geistiges und als naturgebundenes Wesen. Er gehört zwei Welten zugleich an, der Welt der Natur und der übernatürlichen Welt, selbst wenn er sich dessen noch nicht im Glauben bewußt geworden ist. Das umgibt ihn mit einem ewigen Geheimnis und erklärt sein widerspruchsvolles Wesen; das Beste und das Schlimmste bleiben untrennbar in ihm vermengt.

Wir sind folglich beim Studium des Menschen immer zwei Gefahren ausgesetzt: Entweder sehen wir ihn nur als rein natürliches Geschöpf und bleiben daher blind für den ständigen Widerhall seines geistigen Lebens auf seinen Körper, oder wir fassen ihn, wie jene am Anfang erwähnte junge Frau, nur als geistiges Wesen auf und verkennen so die Bedeutung seines natürlichen Lebens. So gibt es beispielsweise auf dem Gebiet der Krankenheilung rein naturwissenschaftlich eingestellte Ärzte, die den Menschen nur als Tier betrachten und ihn nicht anders behandeln als ein Tierarzt seine Tiere; sie vergessen den ständigen Einfluß, den das geistige Leben auf seine Gesundheit ausübt. Umgekehrt gibt es aber auch geistig eingestellte Heilärzte, die jede Zuhilfenahme der wissenschaftlichen Medizin ablehnen; sie übersehen offensichtlich, daß der Mensch so, wie Gott ihn geschaffen hat, zur Natur gehört, ihren Gesetzen unterstellt ist und auch mit natürlichen Mitteln geheilt werden kann.

Was das Studium des Menschen so äußerst interessant und auch so schwierig macht, ist die Tatsache, daß er gleichzeitig zwei Welten angehört: der Welt der Natur und der übernatürlichen Welt. Ich sage ausdrücklich gleichzeitig; denn ich möchte betonen, daß diese zwischen der Natur und dem Übernatürlichen gemachte Unterscheidung künstlich und abstrakt ist; sie ist eine Sicht unseres Geistes. Der Mensch hat nicht zweierlei Leben, ein natürliches und ein übernatürliches, er hat nur eines, sein wirkliches Leben. Der Mensch hat nicht zweierlei Schicksale, ein natürliches und ein übernatürliches; er hat nur eines, das Schicksal, das er in jedem Augenblick lebt.

Daher werden wir auch immer vergeblich nach einer Verbindungslinie zwischen Natur und Geist suchen. Es gibt keine Verbindungslinie zwischen zwei Wirklichkeiten, die sich gegenseitig durchdringen oder wenigstens bei jedem Schritt genau überlagern. Wir können aus der gleichen Folge von Vorgängen und Ereignissen, die zusammen ein menschliches Leben ausmachen, als Naturforscher einen einfachen mechanischen Ablauf von Ursache und Wirkung herauslesen oder, wie G. Gusdorf sich ausdrückt, »in zweiter Lesung« ein sich dabei abspielendes geistiges Schicksal erkennen. Das geistige Leben tritt nicht nur bei gewissen außergewöhnlichen Ereignissen in Erscheinung, sondern betrifft das Leben als Ganzes und verleiht ihm einen Sinn, dessen es als nur blinde Verkettung von Vorgängen beraubt wäre. Man stößt auf dieselbe Schwierigkeit, wenn man – was immer vergeblich sein wird – eine Verbindungslinie zwischen Körper und Seele sucht. Denn Körper und Seele sind auch von unserm Geist erfundene Begriffsbildungen, während es sich doch stets nur um Menschen handelt, in denen beides vereint ist.

Die Philosophie lehnt heutzutage diese Gegenüberstellung von Körper und Seele energisch ab, von der sie während drei Jahrhunderte beherrscht wurde. Sie entdeckte, daß si auf diese Weise den Sinn für das Dasein, das heißt den Sinn für den lebendigen, wirklichen Menschen, verloren hatte. Aber diese Gegenüberstellung geht viel weiter als auf Descartes oder sogar weiter als auf Platon zurück. Dem Verstandesleben selbst liegt eine Art Instinkt zugrunde, der den Menschen antreibt, die sichtbaren den unsichtbaren Wirklichkeiten gegenüberzustellen, die Tatsachen der Dichtung, das Profane dem Heiligen. Das ist eine Methode, Gott in den ihm zugehörigen religiösen Bereich und in die Metaphysik zu verbannen. Aber das steht völlig im Gegensatz zur biblischen Offenbarung, die aussagt, daß die ganze Welt – die physikalische ebenso wie die metaphysische – eine einzige, gleiche Schöpfung Gottes ist und daß der Mensch mit seinem Körper und seiner Seele eine unteilbare Einheit bildet. Und Jesus sieht immer wieder in all den natürlichen täglichen Ereignissen Gleichnisse für unsichtbare geistige Wirklichkeiten, die er der Welt offenbaren will: ein keimendes Samenkorn, Körner aufpickende Vögel, ein schöner Sonnenuntergang, eine Frau, die ein Geldstück verlegt hat ... Das ganz gewöhnliche, konkrete Leben ist für Jesus wie ein aufgeschlagenes theologisches Buch, mit Hilfe dessen man Gott entdecken kann.

Aber diese doppelte Zugehörigkeit des Menschen zu zwei Welten, der Welt der Natur und der Welt des Geistes, bleibt für uns ein undurchdringliches Geheimnis. Es fällt uns sehr schwer zu verstehen, wieso die natürlichen Vorgänge beim Menschen ständig einen geistigen Sinn haben und wieso das Übernatürliche sich jeden Augenblick in die Natur einschaltet. Es scheint, daß diese beiden Welten in einem beharrlichen Gegensatz zueinander stehen, daß sich der Mensch hienieden, wie die Philosophen sagen, in einer fortwährenden »Spannung« befindet zwischen den Forderungen und unerbittlichen Gesetzen seiner Natur und denjenigen seines geistigen Lebens. Der menschliche Geist ist auf der Suche nach einem Begriff, der diese beiden Aspekte des menschlichen Lebens, den natürlichen und den übernatürlichen, gewissermaßen in Einklang bringt.

Ich glaube nicht, daß man etwas Befriedigenderes finden könnte als die biblische Erkenntnis eines göttlichen Plans. Nach Auffassung der Bibel gibt es einen universellen Plan Gottes, der der Weltgeschichte einen Sinn verleiht. Dieser Plan wird uns von den Philosophen und Theologen dargelegt. Er ist aber nicht nur allgemeiner und universeller Natur, sondern erstreckt sich – und das interessiert uns praktische Ärzte – auch bis in jede kleinste Einzelheit des persönlichen Bereichs. Gott hat für jeden Menschen einen Plan, in den sich jedes Ereignis seines Lebens einfügt. Die Natur gehört zu diesem göttlichen Plan und jede seiner Inspirationen ebenfalls. Gott lenkt uns durch die Natur; denn er hat sie und ihre Gesetze, denen wir unterstellt sind, erschaffen, aber er lenkt uns auch, indem er uns anruft; er spricht zu uns, berührt uns im Innersten und läßt in uns Überzeugungen und Regungen entstehen, die die Natur uns nicht hätte geben können. So verwirklicht Gott seinen Plan sowohl durch die natürlichen Vorgänge wie auch durch den Dienst all jener, denen er sich offenbart.

In diesem Begriff eines göttlichen Plans werden, wie man sieht, die Natur und das geistige Leben, die wir auf abstrakte Weise unterschieden und einander entgegenstellten, harmonisch vereint. Gott herrscht über die Natur und macht sie seinem Plan gefügig. Er beherrscht aber nicht nur die Natur, sondern auch den Menschen und zwar den ganzen Menschen, auch insofern er als geistiges Wesen über die Natur hinausragt. Von nun an interessieren uns beim Studium des Menschen nicht mehr Abstraktionen – Körper, Seele, Natur, Übernatürliches –, sondern sein wirkliches, konkretes, persönliches Leben, seine Geschichte, sein Werden. In seiner Geschichte verwirklicht sich der Plan Gottes, und gerade darauf will dieser Titel »Jahreszeiten unsres Lebens« hinweisen: Wir sehen einen Menschen in Bewegung, in Entwicklung, einen Menschen mit seinem Schicksal, in einem Ablauf von Ereignissen von der Geburt bis zum Tode, und all das bekommt einen Sinn durch diese Bewegung selbst.

Während langer Zeit war die Wissenschaft vom Menschen statisch. Sie hob gewissermaßen Zeit und Raum auf. Um den Menschen studieren zu können, hielt sie den Lauf seiner Geschichte an und fixierte ihn in einem bestimmten Augenblick, wie man einen histologischen Schnitt unter das mikroskopische Gesichtsfeld legt; und dann isolierte sie den Menschen von seiner Umgebung, von seiner Gemeinschaft; mehr noch, sie isolierte jedes seiner Organe und jede seiner Funktionen. Was sie dabei an Genauigkeit gewann – und der Ertrag dieser analytischen Methode ist erstaunlich! –, verlor sie an Gesamtüberblick und an Verständnis der menschlichen Person, so daß wir heute über den Menschen eine beträchtliche Anzahl von Kenntnissen besitzen, die sich auf immer mehr Einzelheiten erstrecken, aber es fehlt uns eine Definition des Menschen an sich; wir fühlen, daß der Sinn für das Menschliche verlorengeht, der Sinn für die Ganzheit des Menschen, den uns die Zusammenfassung all dieser Teilerkenntnisse nicht vermitteln kann.

Seit einem Jahrhundert jedoch trachtet die Wissenschaft danach, den Sinn für die Bewegung, für das Werden wiederzufinden. Das hat bei der Paläontologie begonnen, die bestrebt ist, die Flora, die Fauna und schließlich den Menschen durch das Studium ihrer langen vorhistorischen Entwicklung zu verstehen. Parallel dazu hat die Philosophie mit Bergson die Bewegung, die Entwicklung, das Leben wiederentdeckt. In der Soziologie wurde die geschichtliche

Methode eingeführt. Man versucht, die Gegenwart als Funktion der Vergangenheit zu erklären. Vergegenwärtigen wir uns beispielsweise auch, womit sich die Psychologie im letzten Jahrhundert befaßte: Sie beschrieb auf rein statische Weise die »Funktionen der Seele«, die Phantasie, den Willen, die Vernunft. Eine theoretische und abstrakte Beschreibung eines nicht existierenden, aus dem bewegten Lauf des Lebens herausgenommenen Geschöpfs. Wenn ein Mensch es an Willen fehlen ließ, hielt man ihn für willenlos oder launenhaft, womit nichts erklärt war, weil man sich nicht fragte, was das Erscheinen dieses Symptoms hervorgerufen hatte.

Es war das große Verdienst von Sigmund Freud, eine dynamische Psychologie geschaffen zu haben: In der menschlichen Seele sind ununterbrochen starke Kräfte am Werk, und die Wechselfälle ihrer Konflikte bestimmen das Verhalten der Person. Damit wurde der Sinn für die Lebensäußerungen wiedergefunden, für den Zusammenhang zwischen Vergangenheit, Gegenwart und Zukunft, für die fortwährende Veränderung des Menschen von Jahreszeit zu Jahreszeit. Das gegenwärtige Verhalten eines Menschen läßt sich aus all seinen früheren Erlebnissen und den seinem Alter entsprechenden Bedürfnissen erklären.

Bis zu diesem Zeitpunkt war das Kind als kleiner Erwachsener betrachtet worden, als ob der Frühling eine Miniaturform des Sommers wäre. Freud hat hingegen gezeigt, daß es seine eigene Psychologie besitzt, die man unbedingt studieren muß, anstatt das Kind nur nach den Gesichtspunkten der Erwachsenen belehren zu wollen. Diese Umwälzung war von bedeutender Tragweite. Sie beeinflußte die gesamte moderne Psychologie, selbst diejenige der Gegner Freuds. Von nun an wird der Mensch nicht mehr in einer bestimmten Situation erfaßt, sondern in seiner fortlaufenden Entwicklung. Die gelehrten Diskussionen über seine »Anlagen« verlieren jedes Interesse: Was zählt, ist die erlebte Erfahrung, sind die Ereignisse, die entscheidenden Episoden seines Lebens, die wahrgenommenen subjektiven Eindrücke.

Dann kam Martin Buber; er betonte die Bedeutung der Begegnung mit dem andern, welches die menschliche Erfahrung schlechthin ist. Nicht die Begegnung mit dem Menschen im allgemeinen, sondern mit einem besonderen, lebendigen Menschen, einem »Du«, zu dem sich eine persönliche Beziehung herausbildet. Das ist ebenfalls eine Bewegung, ein Ereignis, das einen inneren Widerhall findet. Der Mensch wird nicht mehr als ein isoliertes Wesen studiert, sondern ist wieder in die Gemeinschaft eingegliedert, die ihn unaufhörlich formt und sich selbst immerwährend verändert.

Ferner betrachtet heute die phänomenologische Psychologie den Menschen »an Ort und Stelle«, in seiner Beziehung zur Umwelt. Sie zeigt, wie er sich in seine Umgebung eingliedert, sich in seiner Arbeit und seinen Spielen projiziert, sich die Dinge zu eigen macht und sie seinem Ich einverleibt. Man sieht, der Sinn des Lebens, der unendlichen Vielfalt des Lebens und seines ewigen Werdens ist wiedergefunden worden. Ein Mensch, das ist von nun an eine Geschichte, und zwar eine persönliche Geschichte.

Hier stimmt die Wissenschaft wieder mit der biblischen Anschauungsweise überein. Nirgends spricht die Bibel vom Menschen auf abstrakte und dogmatische Weise. Sie ist erzählend. Sie zeigt nicht *den* Menschen, sondern Menschen. Wichtig ist, was ein bestimmter Mensch in einem bestimmten Augenblick erlebt hat. Wir sehen ihn mitten im Leben drinstehend, abhängig von Konflikten, Leidenschaften, Kräften, die sein Verhalten bestimmen, in der Begegnung mit dem andern und in der persönlichsten aller Begegnungen, der Begegnung mit Gott. Und Gott selbst ist nicht der ferne, universale, unwandelbare Gott der Philosophen. Es ist ein Gott, der lebt, der handelt und antwortet, der in die Geschichte eingreift, in die Weltgeschichte und in das Schicksal jedes einzelnen Menschen.

Man stellt sich also sicherlich in die Perspektive des Glaubens, wenn man versucht, den Menschen in seinem fortschreitenden Werden zu verstehen. Auf diese Weise trachtet man danach, den göttlichen Entwicklungsplan für das menschliche Leben zu ergründen. Der Apostel Paulus beispielsweise macht ausdrücklich eine Anspielung darauf, wenn er erwähnt, daß das Kind noch Milch zu trinken bekommt, während ein Erwachsener von allem essen darf. Und dann hilft uns der Glaube die erstaunliche Verschiedenheit der Menschen als eine Art göttlichen Reichtums erkennen; Gott hat die Menschen so verschieden voneinander erschaffen, und er hat für einen jeden einen besonderen Plan, den man ohne jedes Vorurteil zu entdecken trachten muß. Schließlich kann auch der Glaube selbst unter einem dynamischen Aspekt gesehen werden und nicht mehr nur als etwas Statisches. Das Credo ist sein statischer Aspekt, dessen Bedeutung nicht zu verkennen ist, eben weil es von unwandelbarer Beständigkeit ist. Aber der Glaube ist auch eine Kraft, eine Entwicklungskraft, die das Leben eines jeden Menschen und den Lauf der Geschichte verwandelt.

So stehen wir also sowohl in biblischer wie auch in moderner wissenschaftlicher Sicht nicht mehr einem abstrakten, unpersönlichen Menschen gegenüber, sondern konkreten und persönlichen Menschen, die sich immer in »einer natürlichen Lage« befinden, in einer bestimmten Beziehung zur Umwelt, zum Nächsten, zu Gott, und ständig in Entwicklung begriffen sind. Diese Entwicklung umfaßt Jahreszeiten, das heißt Zeitabschnitte, von denen jeder seine eigenen Merkmale und besonderen Gesetze aufweist. Kritische Perioden kennzeichnen den Wechsel der Jahreszeiten:

die Pubertät, das Klimakterium, das Herannahen des Todes. Diese Entwicklung kann mehr oder weniger normal verlaufen oder anomal, beschleunigt oder verzögert sein. So stellen wir heute eine zunehmende Frühreife der Jugend fest. Unsere Kinder erleben mit fünfzehn Jahren, was wir erst mit zwanzig erlebt haben, und im Alter von zwanzig Jahren sind sie gewöhnlich illusionslos und enttäuscht.

Als ich vor einiger Zeit eine Vortragsreise durch die USA machte, wartete meiner eine Überraschung in der Gegend von San Franzisko: Man hatte mich gebeten, in Lafayette (Kalifornien) vor einem zahlreich erschienenen Publikum zu sprechen; die Veranstaltung war von einer Gruppe von Frauen organisiert worden, die sich den Namen »Die Jahreszeiten des Lebens« gegeben haben, das heißt also, sie nennen sich so, wie der Titel dieses Büchleins in englischer Sprache lautet. Ihr Verein ist sehr kennzeichnend für die amerikanische Mentalität. In Amerika ist jedermann von höchstem Eifer beseelt, sich weiter zu entwickeln, Fortschritte zu machen und auch den andern zu helfen, sich zu entwickeln und vorwärts zu kommen. Das fällt sofort auf, wenn man aus dem enttäuschten und blasierten Europa kommt, das der menschlichen Entwicklung so skeptisch gegenübersteht, und dann in den USA diese ungeheure Anstrengung zur Förderung des menschlichen Fortschritts sieht, sowohl in den Kirchen wie auch in vielen Klubs und gesellschaftlichen Vereinigungen. Nun, wenn jene Frauen als Namen für ihre Gruppe den Titel meines Büchleins gewählt hatten, so geschah es nicht nur deshalb, weil sie es eifrig studiert hatten, sondern auch weil es gerade diesen Gedanken der Bewegung, der fortwährenden Veränderung des Menschen von Jahreszeit zu Jahreszeit ausdrückt; und diese Vorstellung, daß sich der Mensch in jedem Alter dieser Bewegung anpassen muß, um sein Schicksal zu verwirklichen.

2. Der Frühling

Ich habe dieses Büchlein geschrieben, weil ich zu verstehen geben oder wenigstens ahnen lassen wollte, daß das menschliche Leben in ständiger Entwicklung begriffen ist, daß es ganz verschiedene Zeitabschnitte aufweist, durch die der Mensch hindurch muß und für die Gott einen Plan festgesetzt hat. Es handelt sich nicht darum, sie genau zu beschreiben. Zahlreiche Spezialwerke befassen sich damit. Aber gerade bei einer zu ausführlichen Analyse läuft man Gefahr, den Gesamtüberblick zu verlieren, diese Einheit und dieses Wunder des menschlichen Lebens, das ich hier aufzeigen möchte. Das heißt, wie mir scheint, gleichzeitig den wahren Sinn der menschlichen Wissenschaften hervorheben, so, wie ich ihn verstehe: als eine Anstrengung, zur Ergründung der Absichten Gottes in bezug auf uns, nicht so sehr unsere Gedanken über Gott – was Aufgabe der Theologen ist – als Gottes Gedanken über uns.

Es läßt sich beispielsweise leicht erkennen, daß seit weniger als einem Jahrhundert die Psychologen in dieser Entzifferung des göttlichen Plans für das menschliche Leben weiter vorangekommen sind und dabei mehr entdeckt haben als die Philosophen und Theologen aller früheren Jahrhunderte. Das ist ihnen gerade deshalb gelungen, weil sie zum Beispiel damit angefangen haben, das Kind so, wie es ist, zu studieren, anstatt eine vorgefaßte Meinung darüber zu haben, wie es sein sollte, und danach zu trachten, es nach diesem Vorbild zu formen. Bis zu jenem Zeitpunkt war die Erziehung des Kindes als eine Art Dressur aufgefaßt worden und nicht als ein Weg zur Entdeckung seiner wirklichen Persönlichkeit; man bildete es in der Weise heran, wie man es haben wollte. Ich habe schon weiter oben erwähnt, daß man sich vor Freud das Kind als kleinen Erwachsenen vorgestellt hatte; man verkannte fast vollständig den wunderbaren Reichtum seiner Kinderseele, die Ursprünglichkeit seines Denkens, die Feinheit seiner Gefühle, seine eigene Sexualität, seine besonderen instinktiven Bedürfnisse.

Vor noch nicht allzu langer Zeit haben die Väter ihren Kindern strengstens verboten, bei Tisch zu sprechen! Das zeugte von einer Verachtung oder doch wenigstens von einer vollständigen Interesselosigkeit für das, was das Kind sagen könnte, was es von sich selbst offenbaren würde, wenn es sich frei ausspräche. Die Eltern genossen diese den Kindern auferlegte ehrerbietige Stille sehr; sie faßten sie als respektvolle Anerkennung ihrer Würde auf, was sie gewissermaßen über alle im Leben erlittenen Demütigungen hinwegzutrösten vermochte. Wie wenn ihre eigene Konversation als Erwachsene interessanter und wertvoller gewesen wäre! Glücklicherweise dürfen heutzutage im allgemeinen die Kinder am Familientisch sprechen. Aber wieviele Eltern, besonders Väter, hören ihnen wirklich aufmerksam zu, aus echter Wißbegier, ihre Kinder zu entdecken und nicht nur deren Fehler, die man korrigieren sollte?

Die Kindheit, das ist ja gerade der Frühling des Lebens, die Zeit, wo die zarten Knospen zu sprießen, sich dem Licht zu öffnen beginnen, um in eine riesengroße und furchterregende Welt einzutreten; sie verbergen noch auf geheimnisvolle Weise die bunten und wohlriechenden Schätze, die später zum Vorschein kommen werden und die sich schon erraten lassen. Die große Verschiedenheit der Kinder versetzt mich immer in höchstes Staunen, und ich erkenne wohl, daß die meisten Eltern Mühe haben, sie anzunehmen, darin einen Reichtum und nicht eine ärgerliche Komplikation zu sehen. Meistens machen sich die Eltern eine ganz willkürliche Vorstellung davon, was ihrer Meinung nach aus dem Kind werden soll. Mit Vorliebe projizieren sie ihre eigenen enttäuschten Ambitionen auf das Kind und erwarten von ihm, daß es sie realisiere und so den Mißerfolg seiner Eltern ausgleiche, oder sie hoffen, daß es ein in moralischer Hinsicht einwandfreies Leben führe, was ihnen selbst nicht ganz gelungen ist.

Kurz, was heute noch vielen Eltern abgeht, ist, daß sie ihr Kind wirklich als Person sehen, als persönliches Wesen, das Gott und nicht seinen Eltern gehört, das einen besonderen Lebensplan in sich trägt, der für jedes Kind wieder anders ist und der nicht vorher entworfen, sondern nur Schritt für Schritt entdeckt werden kann. Beachten wir beispielsweise, wie verschieden das Tempo bei den einzelnen Kindern ist. Manche denken rasch, verstehen schnell, handeln und reagieren flink, verzeihen auch sofort, während andere langsam sind, obwohl sie ebenso viel Intelligenz besitzen, manchmal sogar noch mehr. Aber die Langsamen leiden ihr ganzes Leben daran, sich stets gehetzt zu fühlen und nicht leisten zu können, was sie zu leisten imstande wären, wenn man ihnen Zeit ließe.

Es kann hingegen sehr spannend sein, sich wißbegierig einem Kind zuzuwenden, um zu versuchen, es wirklich zu verstehen, seine Entwicklung und seine Schwierigkeiten, die Vorstellungen, die es sich von der Welt und von sich selbst macht, die Talente, die sich in ihm anzudeuten beginnen, den unglaublichen Reichtum seiner Phantasie und seines Gemüts. Alle meine Patienten erzählen mir Kindheitserinnerungen, und ich höre immer voller Bewunderung zu. Was kommt da nicht alles ans Tageslicht an feinen Wahrnehmungen, rührenden Gefühlen, überschwenglichen Hoffnungen, an panischem Entsetzen, an Freuden, Kränkungen, Haß und Liebe, wovon damals wahrscheinlich niemand etwas geahnt hat. Ach, wenn die Erwachsenen wüßten, was sich alles in einer Kinderseele abspielt und für das ganze Leben des Kindes bestimmend sein wird, viel weitgehender als all das, was sie selbst ihm beibringen! Es sind sogar die Gefühlserlebnisse seines ersten Lebensjahres, an die es gar keine Erinnerung bewahrt, die für sein Leben am entscheidendsten sein werden; das haben die Psychologen aufgezeigt, namentlich Dr. Spitz.

Oh, wenn die Eltern wüßten, was ihre Kinder schon alles verstehen, während sie selbst es so gut vor ihnen verbergen zu können glauben! Diese scheinbar so unschuldigen und sorglosen Kinder merken sehr gut, was in der Familie vorgeht, was für subtile bewußte oder unbewußte Beziehungen das Gleichgewicht der Kräfte zwischen den Beteiligten regeln, wie jeder auf eigene Weise seine persönliche Partie auf dem gemeinsamen Schachbrett spielt; wie Konflikte, Machenschaften, Hinterlist, Lügen, Eifersucht, Eitelkeit oder großmütige, oft heimliche Opfer jeden Augenblick mit hineinspielen und die Entwicklung dieser kleinen Welt bestimmen. Die Naivsten sind die Eltern selbst; sie stellen sich im allgemeinen vor, daß ihre Kinder von all dem nichts merkten, und sie hören es nicht, wie diese in ihr Kopfkissen hinein schluchzen.

Wieviele Eltern glauben aufrichtig, daß sie sehr verbunden miteinander seien, während ihr Kind ganz genau weiß, daß das nicht der Fall ist! Wieviele halten sich für glücklich, während ihr Kind gut weiß, daß sie es nicht sind! Und das Kind reagiert äußerst feinfühlig auf die häusliche Stimmung. Eine Knospe ist empfindlich und zart; sie verträgt keinen Frost! Daher registriert sie jeden Temperaturrückgang besser als ein Thermometer. Sie bedarf der Wärme und der Geborgenheit, und für das Kind hängen Wärme und Geborgenheit vor allem von der wirklichen Verbundenheit seiner Eltern ab, von ihrer gegenseitigen Liebe und ihrem Glück. Im Leben vieler Menschen sind die Folgen eines in der Kindheit erlittenen verhängnisvollen Frosts bis ins Alter spürbar. Als Erwachsene werden solche Menschen in bezug auf die Ehe sehr zwiespältig eingestellt sein, sie werden hin- und hergerissen zwischen dem instinktmäßigen Verlangen, sich zu verheiraten, und einem hartnäckigen Zweifel an der Liebe und dem Glück, der durch das Beispiel ihrer Eltern in ihnen erweckt wurde.

Ein anderes zwischen den Kindern und den Erwachsenen bestehendes großes Mißverständnis ist auf ihre ganz verschiedene Denkweise zurückzuführen: beim Kind ist sie magisch, beim Erwachsenen objektiv und wissenschaftlich, wenigstens bei uns im Westen. Sicherlich verschwindet das magische Denken nie ganz aus der menschlichen Seele, selbst beim Erwachsenen nicht, aber bei uns ist es weitgehend verdrängt, ausgetrieben durch den Einfluß der Schule und der positivistischen Philosophie, die immer noch die öffentliche Meinung beherrscht. Nur Tatsachen zählen, nackte Tatsachen, die keinerlei magischen Widerhall mehr hervorzurufen vermögen. Daher ist der heutige Erwachsene unfähig zu einem Dialog mit dem Kind, außerstande, dessen ungeheures Bedürfnis nach Poesie zu befriedigen. Ja, die Zeit der Knospen ist die Zeit der Poesie, jener Poesie, die der Erwachsene später aufgibt, weil er sie als Illusion oder schuldhafte Schwäche betrachtet. In der Dichtersprache muß man mit den Kindern reden; so lernen sie das Leben verstehen.

Vergegenwärtigen wir uns, was Schule und Erziehung im Altertum waren! Die großen Heldengedichte, die Ilias und die Odyssee, waren die Grundlage der Ausbildung der Kinder, zusammen mit der Mathematik, die auch ihre unvergleichliche Poesie hat. Die Legenden der Mythologie und die der Heiligen Bücher, der Bhagawadgita und der Bibel, mit der von ihnen ausgehenden ergreifenden Poesie, brachten den Kindern besser als irgendein anderer Unterricht die großen Lebenswahrheiten nahe, die uns in unserer Entwicklung leiten müssen. Im Mutterschoß durchläuft der Embryo annähernd die phylogenetischen Stadien seiner Gattung. Ebenso muß das Kind die Geschichte der Menschheit nachahmen, welche einstmals unter dem Zeichen der Poesie zu geistigen Fähigkeiten, zu Kunst und Zivilisation erwachte.

Das Kind hat – wie der primitive Mensch auch – ein ungeheures Bedürfnis nach Poesie, nach Phantasie und nach Geheimnis. Es interessiert sich mehr für das Irreale als für das Reale und weit mehr dafür, was jedes Ding symbolisiert, als für die Sache selbst. Es klettert auf den Schoß seiner Großmutter und bittet sie: »Erzähle mir eine Geschichte!« – Jetzt gibt man ihm hauptsächlich »Unterricht über die Dinge«, man will seine Seele entmythologisieren, ihm beibringen, was die Dinge in Wirklichkeit sind; das Schulfernsehen tritt an die Stelle der Großmutter und ihrer Märchen. Es handelt sich hier auch um eine Art Nachtfrost, der die zarten Knospen in die eiskalte Atmosphäre des Intellektualismus und einer Zivilisation des Verstandes und der Technik taucht.

Und die Eltern, welche die mythische Sprache ihrer Kinder nicht mehr verstehen und aus ihnen Realisten machen möchten, behalten in den Augen dieser Kinder einen unglaublichen magischen Nimbus. Ach, wenn sie sich doch darüber Rechenschaft geben, dieses Bedürfnis des Kindes verstehen und darauf antworten könnten! Der ganze persönliche Kontakt zwischen Eltern und Kindern steht dabei auf dem Spiel, dieser für die harmonische Entwicklung der Kinder so entscheidende Kontakt. Eltern und Kinder spielen einen Mythos, der so alt ist wie die Welt, einen lebenswichtigen Mythos, der so notwendig ist wie der Sauerstoff und das Brot; aber die Erwachsenen von heute sind ihrer

Rolle oft nicht mehr gewachsen, weil sie die Poesie aus ihrer Seele verdrängt haben. Nun, durch dieses große mythische Spiel wird das Kind zum Partner seiner Eltern und macht dabei die grundlegende Erfahrung des persönlichen Kontakts, wodurch es Person wird.

Jedermann weiß, daß die Kindheit die Vorbereitungszeit für das Leben ist. Die realistischen und vernünftigen Erwachsenen aber denken hauptsächlich an die in der Schule zu erwerbenden objektiven Kenntnisse und an die berufliche Gewandtheit, die dem Kind die Möglichkeit gibt, Karriere zu machen und Geld zu verdienen. Aber die Fähigkeit dieses Kindes zu persönlicher Kontaktnahme, zu einem echten Einsatz in der Beziehung zum andern und auch sein Abenteuergeist, seine Begeisterungsfähigkeit und schöpferische Phantasie werden ebenso entscheidend für den Erfolg im Leben sein. Und all das muß es sich im wesentlichen von seinen Eltern aneignen, wie die zarte Knospe vom Baum, mit dem sie verwachsen ist, den zu ihrer Entfaltung notwendigen Saft erhalten muß.

Wenn man die Erfolgs- und Mißerfolgsfaktoren im Leben einer großen Anzahl von Leuten sorgfältig studiert, in ihrem Berufs- und Gesellschaftsleben, in ihrem Liebes- und Freundschaftsleben, wird man gewahr werden, daß diese Faktoren hauptsächlich von ihrer Fähigkeit oder Unfähigkeit abhängen, eine harmonische Beziehung zum andern herzustellen. Natürlich sind auch ihre intellektuellen und technischen Kenntnisse nicht ohne Bedeutung, aber der Nutzen, den jeder daraus zieht, wird durch Eigenschaften ganz anderer Ordnung, nämlich affektiver, emotioneller und geistiger Ordnung bestimmt. Wozu dient die Gelehrsamkeit oder die technische Geschicklichkeit, wenn die betreffende Person durch eine starke Hemmung daran gehindert wird, davon Gebrauch zu machen? Nun, in der allerersten Beziehung im Leben, in der Beziehung des Kindes zu seinen Eltern oder deren Stellvertretern entscheidet sich seine Haltung dem andern gegenüber für sein ganzes Leben. Das Vertrauen oder das Mißtrauen, die Liebe oder die Angst, die das Kind ganz am Anfang seines Lebens erfahren hat, werden später seine Reaktionen allen andern Menschen gegenüber bestimmen.

Viele Eltern gestehen offen, daß sie Mühe haben, Kontakt mit diesem oder jenem Kind zu finden, daß sie nicht mit ihm spielen können, nicht wissen, was sie ihm sagen, welche Geschichten sie ihm erzählen sollen. Gerade das Spiel ist von so großer Wichtigkeit für das Kind. Im Spiel zeichnet sich seine zukünftige Arbeit bereits ab, weit mehr als in seinen Schularbeiten. Wer als Kind gut zu spielen versteht, wird als Erwachsener gut zu arbeiten verstehen, er wird diese Begeisterungsfähigkeit, diesen Sinn für Zusammenarbeit und diese Erfindungsgabe, die er ehemals auf seine Spiele anwandte, nun in seine Arbeit hineinzulegen wissen. Eltern, die die Denkweise des Kindes nicht verstehen, geben ihm oft zu kunstvolle Spielzeuge: Spielzeuge, die in ihren Augen kostbar sind, weil sie teuer waren und weil sie hohe technische Vollkommenheit erreichen, indem sie Gegenstände und Maschinen aus dem täglichen Leben mit außergewöhnlichem Realismus darstellen. Aber je vollkommener ein Spielzeug ist, um so weniger kann das Kind von sich aus etwas hineinlegen, von seiner Phantasie und Poesie.

Es spielt lieber mit einem Stückchen Schnur, einem Stock oder einem Blatt Papier, deren symbolischer Gehalt keine Grenzen hat und wobei man nicht zuerst mühsam lernen muß, wie damit umgehen. Solche Dinge bedeuten Schätze für das Kind, Schätze, die man respektieren muß, wie auch manch andere kleine Dinge, die es eifersüchtig aufbewahrt und die den Erwachsenen häßlich und dumm vorkommen. Wenn letztere seine Schätze verkennen, fühlt sich das Kind selbst verkannt, wenn sie sich über seine Spiele lustig machen, fühlt es sich selbst verachtet. Ein Kind achten, heißt seine Spiele achten und die Bedeutung, die diese in seinen Augen annehmen. Und in dem Maß, wie sich das Kind geachtet fühlt, wird es sich seiner selbst als Person, wird es sich seiner menschlichen Würde bewußt und lernt sich selbst achten. Diese Selbstachtung wird später sein ganzes sittliches Verhalten beeinflussen.

Ein Kind achten heißt seine Geheimnisse respektieren, seine Freundschaften, seine persönlichen Neigungen, selbst wenn sie den Eltern absurd vorkommen, heißt die Versprechungen, die man ihm gegeben hat, halten, heißt es um Verzeihung bitten, wenn man ihm Unrecht getan hat, heißt auch seine Schamgefühle respektieren. Sie sind natürlich von Kind zu Kind verschieden. Aber das Kind ist oft viel empfindlicher, als die Eltern meinen. Diese stellen sich oftmals vor, daß sie keine Rücksicht vor ihren Kindern zu nehmen brauchten, und es kann vorkommen, daß sie jene schwer verletzen, selbst ohne es zu wissen. Ich habe darüber zu viele Geständnisse erhalten, um hier nicht davon zu sprechen. Aber es kann umgekehrt auch vorkommen, daß die Eltern ihr Kind verletzen, weil sie sich zu viel schämen: Sie haben so große Hemmungen, über sexuelle Fragen mit ihm zu sprechen, daß sie die Sexualität angstvoll verschleiern und das Kind, bei dem Instinkt und Wißbegierde erwachen, beschuldigen.

Wahrscheinlich haben die Entdeckungen der modernen Psychologen unsere Erkenntnis des Kindes am tiefgehendsten auf dem Gebiet der Sexualität geändert. Früher ahnte man nicht, daß die Sexualität schon vom zartesten Alter an eine für die Entwicklung so wichtige Rolle in der Seele des Kindes spielen würde noch daß diese kindliche Sexualität ganz verschieden von der der Erwachsenen sei. Gerade weil das der Fall ist, tut der Erwachsene dem Kind großes Unrecht, wenn er dessen Verhalten nach seinen eigenen Gesichtspunkten als Erwachsener beurteilt. In dieser Hinsicht erhalten wir natürlich auch viele, oft dramatische Geständnisse. Da ist beispielsweise eine Frau, deren gesellschaftliche Karriere glänzend zu sein schien und die trotzdem an ihrer Seele immer noch die brennende Narbe einer im Pensionat erlittenen Demütigung trug; damals war sie von der Leiterin auf brutale Weise der Homosexualität beschuldigt worden, weil sie zu einer ihrer Kameradinnen eine leidenschaftliche Freundschaft an den Tag legte, was für dieses Alter ganz normal und harmlos ist.

Ein Kind achten heißt nämlich auch sein Alter respektieren, und das ist nicht so leicht, wie man meint. Man kann zwei entgegengesetzte Fehler begehen: Das Kind kann älter gemacht werden, indem man ihm beispielsweise durch indiskrete Geständnisse vorzeitig Sorgen auflädt, die seinem Alter nicht entsprechen, Geldsorgen, mehr noch eheliche Sorgen des Vaters oder der Mutter, die zu Recht oder zu Unrecht ihren Ehepartner der Untreue verdächtigen. Umgekehrt aber tun viele Eltern ihrem Kind damit Unrecht, daß sie es immer als Baby behandeln und vor ihm geheimhalten, was es seinem Alter nach das Recht hätte zu wissen. Wir alle können uns auf die eine oder andere Weise solcher Verirrungen schuldig machen, sogar ohne uns davon Rechenschaft zu geben; es spielen da unsere eigenen Komplexe hinein, denen zufolge wir es entweder nicht erwarten können, ein Kind heranwachsen zu sehen, oder es im Gegenteil bedauern, wenn es so schnell groß wird. Es kommt übrigens oft vor, daß die gleichen Eltern ihr erstes Kind älter machen, indem sie ihm beispielsweise frühzeitig zu große Verantwortung aufladen hinsichtlich seiner jüngeren Geschwister, die andern Kinder hingegen nicht ihrem Alter entsprechend behandeln, sondern sie eher herabsetzen.

Das ist natürlich nicht das einzige Gebiet, auf dem der Erzieher sich vor entgegengesetzten Fehlern in acht nehmen muß. Ganz besonders ist das auch der Fall bei der Frage, welches Maß von Strenge anzuwenden sei. Auch hier glauben die meisten Eltern, es handle sich um »Prinzipien«, um eine Regel, die ein für allemal und theoretisch festgesetzt werden kann. Sie sind überzeugt, ein gerechtes Prinzip der Strenge oder der Großzügigkeit zu befolgen und zu verteidigen, während sie sich vielmehr durch ihre eigenen Komplexe bestimmen lassen, in denen sie gefangen sind; es fehlt ihnen jedes Einfühlungsvermögen. Viel eher sollte man das Kind mit der nötigen Achtung und vorurteilslos beobachten, seine Reaktionen zur Kenntnis nehmen, um je nach dem, wie es die Lage erfordert, das schwer zu bestimmende Verhältnis von Strenge und Freizügigkeit individuell zu bemessen.

Ja, die Abgrenzung dessen, was erlaubt und was verboten ist, bereitet Schwierigkeiten! Dieses Problem ist vorherrschend in der Beziehung zwischen Eltern und Kindern und auch zwischen Lehrern und Schülern und vergiftet diese Beziehungen oft. Es ist ein unerschöpfliches Diskussionsthema zwischen den Eltern, die sich gegenseitig Ratschläge erteilen, um jeder sein eigenes Verhalten zu rechtfertigen, während doch das Verhalten verschiedenartigen Kindern gegenüber nie gleich sein kann; es ist auch ein unerschöpfliches Gesprächsthema unter den Kindern, die ihre Eltern beurteilen, indem sie diese mit den Eltern ihrer Kameraden vergleichen. Das Problem ist in Wirklichkeit von sehr großer Bedeutung, weil es darum geht, das Kind darauf vorzubereiten, später im Rahmen des Möglichen ein wirklich freier Mensch zu werden. Der Psychologe wird schnell gewahr, daß diese ideale innere Freiheit sehr selten erreicht wird.

Manchmal kann es ein großes Unglück sein, wenn man

zu gut erzogen wurde: Ein solcher Mensch kann sein ganzes Leben lang schüchtern, gehemmt, ohne Initiative und phantasielos bleiben; er ist der Gefangene der ihm durch Dressur aufgezwungenen strengen Disziplin. Er gibt immer nach, wenn auch oft widerwillig, während er in seiner Seele geheime Forderungen hegt. Er vermag sich weder gegen Ungerechtigkeiten zu verteidigen noch sich in seinen Neigungen und Ambitionen zu behaupten und auch nicht, sich zu entfalten, zu lieben oder sich des Lebens zu erfreuen. Nur in seiner Phantasie findet er einen Ausgleich, aber seine unausführbaren und überbordenden Einfälle stehen in schmerzlichem Gegensatz zu seinem mittelmäßigen Dasein, so daß er innerlich zerrissen ist.

Aber es kann manchmal auch ein großes Unglück sein, wenn man sehr schlecht erzogen wurde: Ein solcher Mensch ist der Gefangene seiner Ungebundenheit, der Sklave seiner Launen, denen er ausgeliefert ist. Es fehlt ihm an Selbstbeherrschung; er braust leicht auf und gerät mit jedem in Streit, der sich ihm widersetzt. Er kann geschäftlich eine Niederlage erleiden, aus dem einfachen Grund, weil er nie gelernt hat, Disziplin zu üben, sich eine Methode anzueignen, und weil er keine Ausdauer besitzt. Er kann mit Begeisterung an etwas herangehen, Erfolg haben, aber das hält nicht an; er erlebt Freuden, aber kein dauerhaftes Glück; er bezaubert, aber es entsteht keine feste Bindung. Er ist der Sklave seiner Unordnung wie der andere der Sklave seiner zu strengen Ordnungsliebe war, von der er sich nie befreien konnte. Ich bin stets überrascht von der außerordentlichen Macht der in der Kindheit angenommenen Gewohnheiten. Trotz der vernünftigsten Überlegungen, der glühendsten Entschlüsse und der schmerzlichsten Erfahrungen fällt der Mensch sein ganzes Leben lang in Neigungen zurück, die er mißbilligt, die man ihn aber in seiner Jugend nicht gelehrt hat zu überwinden.

Wie selten ist doch echte Freiheit! Der eine steht unter dem Zwang der Indentifikation: Er ahmt immer seinen Vater nach; ein anderer unter dem des Widerspruchs: Er ist ebenso verschwenderisch wie sein Vater geizig, ebenso pessimistisch, wie er optimistisch war, oder unordentlich, wenn jener ordentlich war. Die wahre Freiheit besteht darin, daß man imstande ist, in jedem Augenblick sich je nach den Umständen ein entsprechendes Verhalten anzueignen; sie kann deshalb nie das Ergebnis einer systematischen Erziehung sein, weder das einer systematischen Strenge noch das einer systematischen Freizügigkeit. Denn die Lebenskunst ist voll von subtilen Nuancen: Es handelt sich darum, imstande zu sein, sowohl sich zu verteidigen wie auch nachzugeben, sich ein Vergnügen zu gönnen wie auch es sich zu versagen, sich einer Bestimmung zu fügen wie auch sich ihr zu entziehen, zu vertrauen wie auch zu mißtrauen, schlau oder auch naiv zu sein, zu sprechen oder auch zu schweigen, sich aufzulehnen oder sich zu unterwerfen, kühn oder dann vorsichtig zu sein!

Natürlich müssen die Eltern selbst innerlich frei sein, um ihre Kinder auf diese selten zu findende Freiheit vorbereiten zu können. Sie müssen auch frei von der herrschenden Mode und der Entwicklung der Sitten sein. Es ist noch nicht lange her, da bestand der häufigste Irrtum in einer übertriebenen Strenge. Befehle, Verbote, Vorwürfe, Strafpredigten prasselten den ganzen Tag auf sehr artige Kinder herunter, die je nach ihrem Temperament sich dagegen gleichgültig verhielten, sich auflehnten oder sich erdrükken ließen. Nicht einmal das elementare Recht jedes Angeklagten auf Verteidigung und Rechtfertigung wurde dem Kind zuerkannt von autoritären Eltern, die als Tyrannen herrschten und oft noch als ungerechte, und die unfähig waren, ihr Unrecht einzusehen, selbst wenn es offen zutage lag. Aber umgekehrt kommt es jetzt immer häufiger vor, daß Eltern sich ihrer Verantwortlichkeit entziehen und die Augen schließen vor dem, was geändert werden sollte. Und damit fügen sie dem Kind ebensoviel Unrecht zu wie durch mißbräuchlichen Zwang.

Hier kommt es gerade darauf an, daß man richtig unterscheidet zwischen den Zeitabschnitten, die ich in diesem Buch als aufeinanderfolgende Jahreszeiten beschreibe: die Moral des Kindes kann nicht dieselbe sein wie die des Jugendlichen oder des Erwachsenen; sie kann noch nicht diese freiwillige Moral sein, in der wir hellsichtig die tieferen Motivationen unserer Handlungen zu analysieren haben. Die Moral des Kindes ist notwendigerweise noch eine gesetzliche, das Kind bedarf eines Gesetzes. Es ist notwendig, ihm genau zu verstehen zu geben, was gut und was böse, was erlaubt und was verboten ist. Später wird es entdecken, wie weitgehend das Böse und das Gute miteinander verknüpft sind auf dieser Erde und daß das scheinbar Böse oft besser sein kann als das, was man für gut hält. Aber das Kind – und sogar noch mancher Erwachsene – ist desorientiert, wenn es nicht ein bestimmtes Gesetz hat, das in seinen Augen das Gute vom Bösen trennt.

Das Kind kann folglich sowohl durch Nachsicht wie auch durch zu große Strenge in Verwirrung gebracht werden. Bei Übertretung des Gesetzes bedarf es der Strafe; denn nur durch die Strafe wird es von seinem schlechten Gewissen befreit, während eine zu rasche, oberflächliche Verzeihung in ihm ein hartnäckiges Schuldgefühl zurückläßt. Es bedarf auch des Schutzes gegen die Neigungen zum Bösen, die von frühester Kindheit an in seinem Herzen schlummern, trotz der ihm zugeschriebenen Unschuld, und die plötzlich hervorbrechen und das Kind beunruhigen könnnen. Carrel hat sehr richtig beobachtet, daß die meisten Eltern zu nachsichtig sind, wenn das Kind klein ist und Strenge nötig hätte, während sie strenger werden, wenn das Kind heranwächst, wobei man ihm dann gerade größere Freiheit lassen sollte. Wenn das Kleinkind Dummheiten macht, sogar frech seinen Eltern trotzt, lachen diese nur darüber und erzählen es mit Stolz ihren Freunden, sogar vor dem Kind. Es ist zu spät, sagt Carrel, mit Strenge zu reagieren, wenn das Kind groß geworden und nicht mehr im Gesetzesalter ist.

Jean Piaget hat beobachtet, daß das spielende Kind die Spielregeln als magisches Tabu betrachtet, dessen Zauber es ängstlich verteidigt, daß es aber mit Vorliebe gelegentlich dieses Tabu-Gesetz verletzt, wenn es ihm gelingt, bei dieser Mogelei nicht ertappt zu werden. Später hingegen wird es die Spielregeln als einfache gesellschaftliche Konvention betrachten, ohne jede transzendente oder magische Bezugnahme, aber dann wird es ihm Ehrensache sein, diese Regeln mit gewissenhafter Genauigkeit zu respektieren. Offensichtlich sind das zwei entgegengesetzte Arten der Anpassung an eine Gesetzlichkeit, die als erstickend empfunden würde, wenn sie gleichzeitig tabu und unverletzlich wäre. Wahrscheinlich werden einige Leser erstaunt sein darüber, was ich hier schreibe, weil sie glauben, das Charakteristische des Tabus sei seine Unverletzlichkeit. Aber bei den Gesunden versucht die Natur, so gut sie kann, mit den Widersprüchen des Lebens fertig zu werden, welche uns die Nervenkranken als unlösbare Probleme darstellen.

Man kann nie genug die Tatsache betonen, daß es nicht vor allem diese Probleme der Erziehungsprinzipien sind, die die seelische Gesundheit des Kindes bedingen oder es zur Neurose führen – denn es gibt keine Familie, die in dieser Hinsicht nicht viele Fehler beginge –, sondern daß es in erster Linie auf die Liebe ankommt, mit der man ein Kind umgibt, und darauf, daß Eltern und Erzieher seine Person respektieren. Alle Eltern begehen zahllose Erziehungsfehler bei allen ihren Kindern, und diese Feststellung ist sehr tröstlich. Am gefährlichsten ist es meiner Meinung nach, daß die Eltern nicht gelernt haben, ihr Kind schon in der Wiege als Person zu betrachten, das heißt als ein Wesen, das seinen eigenen Charakter, seine Individualität, seine einmalige Originalität, sein persönliches Schicksal hat, ein Wesen, das nicht veräußert werden kann, selbst nicht an seine Eltern, und von ihnen nicht als ihr Eigentum betrachtet werden darf.

3. Die Entwicklung vom Kind zum Erwachsenen

All das erhält noch größere Bedeutung in der Jugend, wo der junge Mensch sich seiner persönlichen Existenz voll bewußt werden soll, seines Rechts, ja sogar seiner Pflicht, er selbst zu werden und nicht mehr nur das Kind seiner Eltern zu sein. Der Frühling dauert nicht ewig, und selbst ein glückliches Kind, das seine Kindheit ungetrübt genießt, wird aus ihr herauswachsen müssen, sonst läuft es Gefahr, sich anomal zu entwickeln. Der Frühling hatte schon mit einer Krisis begonnen, jener der Geburt, des Übergangs vom wohlbehüteten Leben im Mutterschoß zum selbständigen Leben, wo das Kind nach und nach die Welt kennenlernt mit ihren Vergnügungen und Freuden, aber auch mit ihren Mühsalen und Leiden, ihren Bedrohungen und Gefahren, den körperlichen wie den gesellschaftlichen. Und der Frühling endet mit einer andern Krisis, dem ersten großen Wendepunkt des Lebens, dem Übergang von der Kindheit zum Erwachsenenalter.

Die moderne Psychologie hat zum besseren Verständnis dieser so wichtigen Entwicklung wesentlich beigetragen.

Wir wollen hier nicht alle Theorien Freuds über die Entwicklung der Seele beim Heranwachsen des Kindes wiedergeben, sondern nur hervorheben, daß Freud uns deutlich gezeigt hat, wie zu jedem Lebensalter bestimmte Bedürfnisse und Triebe gehören, die sich durch ihre Befriedigung gewissermaßen erschöpfen müssen, bevor die zur folgenden Entwicklungsstufe gehörenden erscheinen können. Was für einen Lebensabschnitt als normal gilt, ist in einem späteren Zeitpunkt nicht mehr angemessen, und wir nennen dieses Weiterbestehen von jugendlichen Merkmalen beim Erwachsenen »infantile Inklusionen«. Was das Kind in moralischer Hinsicht charakterisiert, ist, wie wir gesehen haben, seine Abhängigkeit von den Eltern und sein Bedürfnis nach einem von ihnen deutlich formulierten Gesetz: Gut ist, was die Eltern billigen, was ihm ihr Lächeln und ihre Liebkosungen einträgt, böse ist, was sie verbieten und was ihren Tadel zur Folge hat, und das ist eine Quelle der Angst: Das Schuldgefühl des Kindes entsteht aus der Angst, die Liebe der Eltern zu verlieren. Das Erwachsenenalter wird durch eine um so größere moralische Selbständigkeit gekennzeichnet, je mehr sich der Mensch der ihn beeinflussenden psychischen Mechanismen bewußt wird.

Freud trachtet vor allem danach, den Menschen von den Automatismen der Kindheit zu befreien, damit er sich als Erwachsener zu reifer Lebensfülle entfalten kann. Das ist an sich schon keine Kleinigkeit, und niemand kommt damit je zu Ende. Keiner ist ganz frei von infantilen Inklusionen, selbst die hervorragendsten Psychoanalytiker nicht. Wir alle sind in gewisser Hinsicht mehr oder weniger heimlich Kinder. Daher kann man sagen, das Freudsche Ideal sei »erwachsen werden«. Das ist ein rein naturalistisches Ideal. Lange vor Freud schrieb der Apostel Paulus schon: »Da ich ein Kind war, redete ich wie ein Kind und war klug wie ein Kind und hatte kindische Anschläge; da ich aber ein Mann ward, tat ich ab, was kindisch war.« Wenn Paulus aber diesen göttlichen Plan der Jahreszeiten des Menschen, dieses Entwicklungsgesetz des Lebens geltend macht, so geschieht es, um ein Endziel des Menschen ahnen zu lassen, eine noch vollendetere Fülle, jenseits des Todes, wo »die Liebe« und »die Erkenntnis« keine Lücken mehr aufweisen werden. Das »Erwachsenwerden« der Anhänger Freuds erscheint von nun an nicht mehr als Endziel der Entwicklung, sondern nur noch als eine sicherlich notwendige, aber vorübergehende Jahreszeit des Lebens.

Eine reichere und differenziertere Sicht der vollen Entfaltung des Menschen erscheint bei C. G. Jung mit seinem Integrationsbegriff. Die Jugend ist absolut. Sie sieht das Leben in Schwarz-Weiß, als ob man ein Licht ohne Schatten finden könnte. Es gibt zwei getrennte Lager: das Gute und das Böse, die Gerechten und die Bösen. Daher will der Jugendliche den Teil von sich, der ihm mißfällt und dessen er sich schämt, nicht wahrhaben und verdrängt ihn ins Unbewußte; das können ebensogut gewisse Funktionen wie schlechte Impulse sein. Der Tag wird kommen, wo er – wie wir oben sagten – erkennen muß, daß hienieden das Böse unentwirrbar mit dem Guten vermengt ist, daß es keinen Gerechten gibt, der nicht auch seine Fehler hätte, und keinen Bösen, der nicht auch Tugenden aufwiese, daß in ihm selbst sowohl das Gute wie das Böse als Realität existieren, die guten Eigenschaften, die er nicht zu besitzen glaubte, und die Fehler, die er nicht zu haben vorgab; er sieht ein, daß er nur dadurch zu voller Entfaltung gelangen kann, daß er seine Ganzheit annimmt, seinen »Schatten« inbegriffen.

Jetzt wird er sich entweder dagegen sträuben und sich in seiner verdrängenden Haltung versteifen; er wird skeptisch und enttäuscht sein und den Weg der Regression gehen, oder er wird den Weg der Integration beschreiten, der mutigen Klarheit über sich selbst; dann wird er immer wieder neue Reichtümer in sich entdecken und gleichzeitig auch seine stets gleichbleibende Erbärmlichkeit, kurz das fortschreitende wirkliche Leben. Mit dieser Jungschen Sicht treten wir, wie man sieht, schon aus dem engen Rahmen der ersten Entwicklungsstufe vom Kind zum Erwachsenen heraus. Schon beginnt sich der Übergang vom Sommer zum Herbst abzuzeichnen. Denn in der Vollkraft des Lebens ist der Mensch normalerweise noch durchdrungen von jugendlichem Idealismus, und gerade daraus schöpft er seine Energie und seinen Tatendrang, während die Weisheit der Integration der Schlüssel zu einem erfüllten Alter sein wird. Fügen wir noch hinzu, daß die Integration bei Jung schon einen Sinn hat, und zwar nicht nur einen naturalistischen, sondern einen geistigen; denn sie wird durch einen inneren Ruf des Geistes gelenkt.

So erkennen wir nun auch die Analogie zwischen der hier angedeuteten Entwicklung und der allmählichen Steigerung, die in der Bibel den Übergang vom Alten zum Neuen Testament kennzeichnet. Das Alte Testament ist auf das Gesetz hin ausgerichtet; es stellt die Gerechten in radikalen Gegensatz zu den Bösen und fordert die Menschen auf, das »Leben«, das heißt die reife Lebensfülle aus eigener Anstrengung, durch strengen Gesetzesgehorsam zu erwerben. Nun sind es gerade die Pharisäer, gegen die sich im Neuen Testament Jesus Christus wendet, jene Menschen, die sich in der peinlich genauen Befolgung des Gesetzes in nicht mehr zu übertreffender Weise versucht haben. Jesus beweist, daß sich hinter der »schönen Außenseite« ihrer Tugenden »ein Inneres voller Fäulnis« verbirgt. Später wird ein anderer Pharisäer, der Apostel Paulus, erklären, daß es gerade ihr Anspruch auf Gesetzesgerechtigkeit ist, der sie des wahren Heils beraubt, welches er selbst aus Gnade erhält, nachdem er sein Unvermögen, durch eigene Verdienste dazu zu gelangen, eingesehen hat.

Albert Reissner hat gezeigt, daß von den drei großen Meistern der modernen Psychologie Adler es ist, dessen Einstellung der biblischen Sicht vom Menschen am nächsten kommt. Die Bibel ist im wesentlichen erzählend; sie vertritt keinerlei Lehre über den Menschen; sie spricht über ihn nicht im allgemeinen, sondern sie beschreibt die einzelnen Menschen in ihrem natürlichen und gesellschaftlichen Raum. Ebenso spricht Adler von individueller Psychologie, von dem Kampf, den jedermann führen muß, um seine Grenzen anzunehmen. Der Wille zur Macht, der der Schlüssel zu seiner Psychologie ist, entsteht gerade in der Jugendzeit, in der Zeitspanne, wo der junge Mensch die ungeheure Größe des Lebens ahnt und übergroße Ambitionen in sich erwachen fühlt.

Wann beginnt dieses Jugendalter? Natürlich kann man dafür keine genaue Grenze festsetzen. Eine Erfahrung der Grenzen macht man aber in vieler Hinsicht schon in der Kindheit, sobald ein Kind sich mit einem andern vergleicht und sich ihm unterlegen fühlt. Aber der Kampf zwischen dem sich regenden Leben und den sich ihm entgegenstellenden Hindernissen wird zunehmen und in der Jugendzeit seinen Höhepunkt erreichen. Freud hat hauptsächlich den Konflikt zwischen dem Geschlechtstrieb und dem gesellschaftlichen und moralischen Zwang aufgedeckt. Jung hat den Begriff der Libido erweitert und identifiziert ihn mit einem persönlichen Entfaltungstrieb, den er hauptsächlich nach seinem inneren Aspekt beschreibt, als Kampf mit sich selbst zur Bejahung seines Selbst, seiner persönlichen Ganzheit, während Adler diesen persönlichen Entfaltungstrieb unter seinem gesellschaftlichen Aspekt beschrieb, der Bejahung des andern und der Bejahung der Tatsache, daß man ihm notwendigerweise manchmal unterlegen ist, schwächer ist als er.

An der Schwelle des Erwachsenenalters werden immer stärkere Kräfte frei, die auf äußere Hindernisse stoßen und die im Menschen selbst Angst erwecken: starke gegensätzliche Tendenzen in den Wünschen, den Ambitionen, den Instinkten, den Zweifeln, der Angst vor einer Niederlage, den Enttäuschungen. So steht zum Beispiel der Abenteuerinstinkt, von dem alle Menschen beseelt sind und ganz besonders die Jugend, im Gegensatz zum Sicherheitsbedürfnis und zur Angst vor einem Risiko. Aber diese für den Menschen spezifische Ambivalenz geht noch viel weiter, sie berührt den Bereich der Werte. Hat das Leben einen Sinn? Hat der Tod, hat die Welt einen Sinn? Mit Binswanger, Rodgers, Frankl und vielen andern entwickelt sich die Psychologie jetzt immer mehr auf diese existentiellen Fragen hin.

Es besteht folglich heute eine auffallende Übereinstimmung zwischen dem Standpunkt der Wissenschaft und dem des Glaubens. Beide betrachten den Menschen als in einer fortschreitenden Entwicklung begriffen, die ihn von Stufe zu Stufe irgendwohin führt, und das verleiht dieser Entwicklung einen Sinn. Dieselbe Übereinstimmung finden wir auch wieder, wenn Männer der Wissenschaft und Männer des Glaubens die Faktoren untersuchen, die abwechslungsweise diese Entwicklung begünstigen oder hemmen. Denn es geht, wenn man den Menschen helfen will, von nun an nicht mehr darum, auf gut Glück etwas zu tun, sondern darum, die Hindernisse zu beseitigen, damit die natürliche Entwicklung weiter ihren Lauf nehmen kann. Und der Psychotherapeut spielt die Rolle des Weingärtners aus dem Gleichnis des Evangeliums, der einen Graben um den unfruchtbaren Feigenbaum aushebt und Dünger hineingibt, damit der Baum wieder zu natürlichem Leben erwache, sich entfalte und Früchte trage.

Wir wollen nun vier wichtige Entwicklungsfaktoren betrachten, und zwar als ersten *die Liebe.* Alle Arbeiten der Schule Freuds haben das vitale Bedürfnis des Kindes nach Liebe, Zärtlichkeit, Geborgenheit deutlich aufgezeigt. Jeder Mangel an Liebe wird seine natürliche Entwicklung hemmen und es später vielleicht daran hindern, mündig zu werden. Die von der Freudschen Schule beschriebene »Verlassenheitsneurose« finden wir in ihren Symptomen bis zu einem gewissen Grad in der ganzen Menschheit wieder. Denn wie groß die Liebe der Eltern auch sein mag, sie ist doch nie umfassend genug. Die Bibel weiß das und zeigt uns diese Menschheit in immerwährender Unruhe, verschlossen, verstockt, enttäuscht, von einem bitteren Heimweh nach dem verlorenen Paradies erfüllt. Die Antwort darauf ist die Liebe Gottes. Ich habe es selbst erfahren, der ich schon als kleines Kind beide Eltern verlor und von den Folgen dieses Schicksalsschlags erst geheilt werden konnte, als ich die Unendlichkeit von Gottes Liebe erfaßt hatte.

Die Bibel verkündet die Liebe Gottes, die eine grenzenlose und bedingungslose Liebe ist. Aber sie verkündet diese Liebe nicht nur, sondern sie beweist sie auch. Denn wie der Apostel Johannes sagt, ist das der höchste Beweis für Gottes Liebe, daß er seinen eingeborenen Sohn sandte, der unsere ganze menschliche Lage mit all ihren Leiden und all ihrer Einsamkeit auf sich genommen hat, bis in den Tod. Und es ist eine ganz persönliche Liebe: Der Prophet Jesaja weiß, daß Gott ihn schon im Mutterschoß, vor seiner Geburt, geliebt und daß er ihn persönlich bei seinem Namen gerufen hat. Das ist die großartige, einzig wirksame Antwort auf diese tragische Einsamkeit, die den modernen Menschen kennzeichnet und von der in der Literatur der Gegenwart sehr viel die Rede ist.

An zweiter Stelle steht das *Leiden.* Es kann ein Entwicklungsfaktor sein. Mancher von uns hat wahrscheinlich in Gegenwart gewisser Menschen, die auf einer bestimmten

Entwicklungsstufe stehengeblieben zu sein schienen, auch schon gedacht, daß nur die Erfahrung des Leidens sie weiterzubringen vermöchte. Suzanne Fouché, diese Frau, deren Leben seit ihrem sechzehnten Jahr nur Krankheit, Leiden und Gebrechen gewesen ist und die ein wunderbares Werk der menschlichen Liebe geschaffen hat, drückt es in einfachen Worten so aus: »Jede körperliche Einbuße kann für mich zu einem geistigen Gewinn werden. Ist die Schule des Leidens nicht eine Schule des Lebens?« Vor einiger Zeit sah ich einen Mann wieder, der mich am Tage nach einer erschütternden Prüfung – als einer seiner Söhne vor seinen Augen durch Unglücksfall ums Leben gekommen war – aufgesucht hatte. Und nun war es ihm möglich zu sagen: »Mein Sohn hat mir das Tor zum Himmelreich geöffnet.«

Wir Ärzte aber wissen auch sehr gut, daß das Leiden die Entfaltung des Menschen hemmen, sogar sehr stark hemmen kann. Es vermag uns manchmal den Menschen und Gott näherzubringen, es kann aber auch als unüberwindliche Einsamkeit empfunden werden. Kierkegaard schreibt: »Mein Leben ist ein großes Leiden, das die andern nicht kennen und nicht verstehen.« Das Leiden an sich ist also nichts Verdienstvolles. Deshalb spricht Suzanne Fouché nicht nur ganz einfach vom Leiden, sondern von »der Schule des Leidens«, das heißt von der Art, wie wir es erleben. Und unsere Aufgabe als Arzt ist es, so weit wie möglich den Menschen in ihren erdrückenden körperlichen und seelischen Leiden beizustehen, aber auch, ihnen zu helfen, dabei fruchtbare Erfahrungen zu machen.

Die Bibel bringt das auf jeder Seite zum Ausdruck. Sie spricht häufig und auf realistische Weise von allen Formen körperlichen und seelischen Leidens der Menschen und dessen zerstörender oder befreiender Wirkung, je nachdem, ob es Auflehnung oder Hingabe hervorruft. Denken wir beispielsweise an die vierzigjährige Wüstenwanderung der Israeliten. Daher zeigt uns die Bibel einen am menschlichen Leiden stets Anteil nehmenden Gott, sie zeigt Jesus Christus, wie er Kranke heilt, Verachtete rehabilitiert und seine Jünger aussendet, ihren Leidensbrüdern zu helfen.

Als dritten Faktor nenne ich *die Identifikation.* Sie spielt eine wichtige Rolle in der Entwicklung. Durch Nachahmung lernt das Kind sprechen. Das kleine Mädchen spielt mit Puppen, indem es sich dabei mit der Mutter identifiziert und die Hoffnung hegt, einmal selbst Kinder zu haben. Durch Identifikation mit dem Vater wird sich der Knabe eines Tages von seinen Kinderspielen abwenden, ein männlicheres Benehmen zur Schau tragen, im Verborgenen eine Zigarette rauchen, um sich zu beweisen, daß er ein Mann ist, und er wird anfangen zu arbeiten, nicht mehr aus Gehorsam, sondern um sich eine persönliche Karriere aufzubauen. Aus Identifikation mit ihren älteren Geschwistern werden ein Knabe und ein Mädchen die ersten Liebesbande knüpfen.

Eine meiner Patientinnen, die in den Vierzigerjahren steht, erzählte mir kürzlich, daß sie sich im Kino mit den Naiven identifiziert, die im Vorgefühl der ersten Liebe stehen. Sie merkte wohl, daß diese nicht ihrem Alter entsprechende Identifikation anomal war. Aber mir schien sie bei dieser Frau ein Zeichen von Entwicklung zu sein; denn ihr Leben war auf diesem Gebiet seit ihrer Kindheit blokkiert gewesen. Es ist notwendig, daß sie die nicht rechtzeitig erlebten Entwicklungsstufen durchläuft, um über sie hinauszuwachsen. Sie muß sich zuerst mit den Jungen identifizieren, bevor sie sich voll und ganz ihrem Alter gemäß verhalten kann.

Die Identifikation mit dem Vater regt jedoch die Entwicklung des Sohnes nicht nur an, sondern begrenzt sie auch auf das Maß des Vaters. Dieser Vater hat seine Fehler und seine Vorurteile. Wenn der Sohn seinem Vorbild zu sehr verhaftet bleibt, wird er nicht zu persönlicher Größe heranreifen können. Er wird sich mit andern Personen als seinem Vater identifizieren müssen, mit Helden der Legende oder der Geschichte, mit einem Forscher, Gelehrten, Künstler oder Heiligen. Es geht also um ein sehr subtiles, eigenartiges Problem bei der Entwicklung des jungen Menschen. Es handelt sich für ihn darum, er selbst zu werden. Aber man entdeckt sich nicht selbst im leeren Raum, allein mit sich und indem man sich selbst zum Vorbild nimmt. Durch aufeinanderfolgende Identifikationen entwickelt sich der Mensch, aber gleichzeitig kann jede Identifikation ihn in einem zu eng begrenzten Stadium aufhalten. Es gibt nur eine einzige unbegrenzte Identifikation. Ich habe einmal in der philosophischen Gesellschaft von Genf einen Vortrag von meinem Kollegen, Dr. Assagioli aus Florenz, angehört; dabei kam er auf jene Behauptung zu sprechen: Es handelt sich um die Identifikation mit Jesus Christus, wie sie der Apostel Paulus zum Ausdruck bringt: »Ich lebe, doch nun nicht ich, sondern Christus lebt in mir.«

Und dennoch kann eine sehr frühzeitige religiöse Stellungnahme manchmal die volle Entfaltung hintanhalten. Es ist vorteilhaft, wenn ein junger Mensch die widersprüchlichsten Philosophien kennenlernen kann, bevor er sich in seiner Wahl festlegt. Die Jugend ist noch nicht die Jahreszeit der Entscheidungen, wenigstens nicht der endgültigen, man trifft zwar zahlreiche vorläufige Entscheidungen, die ebensoviele notwendige Versuche sind, um zur wirklichen Urteilsreife zu gelangen. Es kommt auch vor, daß vom Leben enttäuschte Erwachsene sich über die Jungen und ihre naiven Ambitionen lustig machen: »Das wird Euch schon noch vergehen! Man kann nicht alles machen, was man möchte, in dieser Welt!« Und sie umhüllen diese zynische Philosophie manchmal mit dem Deckmantel der christlichen

Lehre des Verzichts. Darin kommt gerade eine fatale Verwechslung der Jahreszeiten zum Ausdruck: Man muß sich zuerst frei entfalten, bevor man verzichtet. Und wer sich anfangs am besten zu behaupten verstanden hat, wird später auch am besten sich selbst verleugnen können. Respektieren wir also selbst die Überspanntheiten, mit denen die Jungen sich den Älteren gegenüber zu behaupten suchen.

Schließlich erwähne ich als vierten Faktor noch die *Anpassung*. Goethe sagte: »Leben heißt sich anpassen.« Das ist recht eigentlich ein Entwicklungsbegriff. Der Psychologe weiß genau, daß jede Blockierung des Lebens eine Nichtanpassung bekundet. Jede neue Lage erfordert – und zwar zunächst und in erster Linie vom Kind, dann aber später auch vom Erwachsenen während seines ganzen Lebens – eine persönliche Umstellung und ein Aufgeben seiner Gewohnheiten, was nicht leicht ist. Wenn es dem Kind gelingt, so wächst es durch diesen Sieg; wenn es nicht imstande ist, eine solche Anstrengung zu leisten, fällt es zurück. Gewisse Eltern möchten aus Besorgtheit ihrem Kind jede Anstrengung ersparen und beschützen es zu sehr vor den Gefahren des Lebens. Sie halten es auf einer kindlichen Stufe zurück, hemmen so seine Entwicklung und verunmöglichen es ihm vollständig, sich später an das Leben anzupassen. Andere hingegen setzen ihr Kind in ihrem Eifer, es mündig und erwachsen zu sehen, vorzeitig zu großen Anstrengungen der Anpassung aus. Sie machen es alt, und da es nie wirklich Kind gewesen ist, wird es auch nie ganz erwachsen sein.

Wir wissen aber auch um die Gefahren einer zu guten Anpassung. Alle haben wir schon Ehepaare gesehen, die unschuldig und mit Stolz erzählen, daß sie nie Streit miteinander hätten, die aber ohne Leben zu sein scheinen. Offensichtlich ist dieses gute Einvernehmen der Tatsache zuzuschreiben, daß einer der beiden Ehegatten durch vollständige Anpassung an den Partner seinen persönlichen Charakter ganz verloren hat. Das Leben solcher Paare erscheint glanzlos, stagnierend; sie kapseln sich ab und können sich nicht an die Gesellschaft anpassen. Ein Mann, der seine Frau beherrscht und ihre Eigenart zerstört hat, erträgt den Widerspruch seiner Freunde nicht mehr; er sondert sich ab und zieht sich auf sich selbst zurück.

Als Gott sagte: »Es ist nicht gut, daß der Mensch allein sei«, und dem Mann eine Frau als Partnerin gab, die anders geartet war als er, wollte er die Menschen nötigen, sich einer schwierigen gegenseitigen Anpassung zu unterziehen, sich selbst zu überwinden, anstatt dem Konflikt durch die eigene Kapitulation oder die Unterwerfung des Partners auszuweichen, kurz, sich zu entwickeln. Wir kennen wohl auch Gläubige, die behaupten, nie gezweifelt zu haben, und deren Leben so farblos, so weit entfernt vom großen Abenteuer des Glaubens erscheint; wogegen die wertvollsten Gläubigen eingestehen, daß sie in schweren inneren Kämpfen zwischen Zweifel und Glauben hin- und hergerissen werden. Und die großen biblischen Gestalten von Abraham oder Moses, Jakob oder Jeremia bis zu den Aposteln Petrus und Paulus offenbaren ihr stürmisches Leben, ihre Auflehnung gegen den Himmel, ihre Weigerung, sich an einen zu anspruchsvollen Gott anzupassen, ihre Kämpfe und ihre Versöhnung mit ihm. Gott liebt jene, die ihm Widerstand leisten.

Gerade durch solche Kämpfe entfalten sich diese Menschen. Jakob erhob sich am Morgen nach jener dramatischen Nacht, in der er mit Gott gerungen hatte, hinkend, aber verwandelt. Eine neue Jahreszeit seines Lebens begann. Dasselbe geschah mit Abraham nach seinem leidenschaftlichen Gebet, um den Zorn Gottes von Sodom abzuwenden; mit Moses nach seinem hartnäckigen Wortwechsel mit Gott vor dem brennenden Busch; mit Jeremia, dem

Schüchternen, nach all seinen Weigerungen, eine unheilverkündende Botschaft zu predigen; mit Petrus nach seiner Verleugnung; mit Paulus nach seinem Erlebnis auf dem Weg nach Damaskus und mit vielen andern. Das sind Menschen, Menschen, die sich zu verteidigen wissen und nicht leicht nachgeben! Daher haftet ihrer Unterwerfung in keiner Weise mehr das Merkmal einer kindlichen Fügsamkeit an, sondern sie trägt den Stempel männlichen Heldenmuts; sie gelangen zu reicher menschlicher Fülle und öffnen neue Jahreszeiten für die Geschichte.

4. Erdrückendes oder befreiendes Christentum

Woher kommt es also, daß in unsern Kirchen so viele niedergedrückte und unmündige Menschen sind? Eines Tages besuchte mich ein katholischer Geistlicher aus dem Ausland. Er setzte mir auseinander, daß er beabsichtige, eine Begegnung zwischen Ärzten und Theologen herbeizuführen zur Behandlung dieser Frage des Mündigwerdens. »Der Grund ist unsere Beunruhigung«, sagte er, »über die vielen unmündigen Menschen in frommen kirchlichen Kreisen im Verhältnis zur kleinen Zahl entfalteter Persönlichkeiten. Vielleicht ist es im Protestantismus anders?« fügte er noch hinzu. Ich mußte ihn eines andern belehren. Unsere protestantischen Kirchen sind mehrheitlich auch von glanzlosen, traurigen, müden Seelen bevölkert. Man findet unter ihnen sogar eine verhältnismäßig größere Zahl von Neurotikern als in katholischen Gegenden oder in den von der Kirche losgelösten Kreisen.

Die Psychotherapeuten stellen das fest, und es erstaunt

uns nicht, daß viele von ihnen die Kirche beschuldigen, die Entfaltung der Persönlichkeit zu ersticken, anstatt sie zu fördern. Gewisse Psychotherapeuten treten sogar offen als Boten eines neuen Evangeliums auf, das geeignet sein soll, fromme Seelen von der sie lähmenden Angst und den Skrupeln zu erlösen, die sie auf einer kindlichen Entwicklungsstufe stehenbleiben lassen, welche dann in ein vorzeitiges Altern ausmündet. Wahrscheinlich denken wir jetzt dabei an das oben Gesagte, wo ich von einer völligen Übereinstimmung zwischen den Psychologen und der Kirche sprach, wobei es sich gerade um diesen Begriff der vollen menschlichen Entfaltung handelte. Viele Menschen sind hingegen der Ansicht, daß die Psychologie zur christlichen Moral in völligem Gegensatz steht, daß die Psychologen eine möglichst vollkommene Entwicklung des Menschen anstreben, während die Kirchen ihn hemmen, indem sie ihm Selbstverleugnung und Verzicht auf alle weltlichen Vergnügungen predigen.

Natürlich gibt es eine unübersehbar große Zahl von erdrückten Menschen. Es gibt sie bestimmt überall, aber doch ganz besonders in religiösen Kreisen. Manche unter ihnen sind sicher infolge äußerer Umstände niedergedrückt worden, zum Beispiel Waisenkinder, Kinder aus geschiedenen Ehen, Kriegsopfer oder Opfer sozialer Vorurteile, aber es sind deren noch weit mehr, die durch eine negative innere Kraft erdrückt, gelähmt werden; diese ist äußerst mächtig, eine Art Polizei, die tief in der Seele drin wirkt und dem Menschen ihr unerbittliches Gesetz aufzwingt: Genuß, Lebensfreude, Selbstbehauptung verboten! Die Entwicklung solcher Menschen ist im Frühling zum Stillstand gekommen, wie Knospen nach einem Frost eintrocknen. Zur Zeit der großen Wende in der Jugend, des großen Lebensaufschwungs haben diese Menschen die Kurve verfehlt, sie sind in Richtung der Kindheit weitergegangen, und man erkennt deutlich, daß die Ursache dazu weiter zurückliegt, daß Hemmungen dabei im Spiele sind, die schon im zartesten Kindesalter entstanden waren.

Diese Menschen sind also nicht aus Mangel an Lebenskraft gehemmt, sondern wegen einer dem Leben entgegengerichteten Kraft. Das Leben ist bei ihnen nur verdrängt. Sie tragen eine starre, schüchterne, unbewegliche Maske, hinter der man bei der psychologischen Analyse eine glühende Seele entdeckt, erfüllt von geheimem und ungestilltem Trachten und Sehnen. Diese Gehemmten haben in Wirklichkeit, wie der Volksmund sagt, viel Temperament. Jene Lebenskräfte und Instinkte, die das Lebewesen zur Selbstbehauptung, zur Verteidigung, zur Liebe antreiben, sind ganz besonders intensiv und frühzeitig in Erscheinung getreten. Daher hat der junge Mensch Angst empfunden vor seiner Begeisterungsfähigkeit, gerade wegen ihrer Intensität und ihrer Frühzeitigkeit. Aber jedesmal erkennt man deutlich, daß ein äußerer, gesellschaftlicher oder familiärer Einfluß zu diesem inneren Konflikt hinzugekommen ist und ihn noch mehr blockiert hat, so daß er sich unter dem Impuls des Lebens nicht auflösen konnte.

In der menschlichen Seele ist jeder Wunsch zugleich mit Angst verbunden, wie zu jedem Licht ein Schatten gehört. Es gäbe kein Verlangen, wenn es keine Angst gäbe, und keine Angst, wenn es kein Verlangen gäbe. Und der Reiz eines erfüllten Wunsches beruht auf dem Sieg über die Angst, der dessen Verwirklichung bedingt, während der Antrieb zur Angst auf dem Ärger über den unerfüllten Wunsch beruht! Und die zahllosen Ängste, von denen die Seele der Gehemmten überfallen wird, sind wie Zeugen ihres unbewußten Sehnens. Das ist wie bei einer Waage, deren Waagebalken sich auf die eine oder andere Seite neigen kann, auf die Seite der Wünsche und ihrer Verwirklichungen oder auf die Seite der lähmenden Angst, ein Waagebalken, der lange hin- und herschwingen kann und der sich durch ein minimales Zusatzgewicht dann plötzlich senkt. Nun, viele Menschen sind der Ansicht, daß der Psychologe das Leben, die Entfaltung, die Selbstverwirklichung fördert, während die Kirche bremsend wirkt! Woher kommt das wohl? Woher kommt dieser scheinbare Gegensatz zwischen Psychologie und christlicher Moral?

Das hat seine Ursache in einer Abweichung des Christentums. Die Angriffe der Psychologen würden sich – davon bin ich überzeugt – nicht gegen ein gesundes und echtes Christentum richten; sie wenden sich aber gegen den Moralismus, der heutzutage in all unsern Kirchen verheerend auftritt und anstelle der großartigen Befreiung durch die Gnade die Last einer erdrückenden Angst setzt, einen Fehler zu begehen. Theodor Bovet aus Zürich hat uns erzählt, daß ein Pfarrer im Religionsunterricht gefragt habe: »Was ist Religion?« worauf ein Knabe sogleich die Antwort gab: »Religion ist alles, was verboten ist.« Eine solche Entgegnung kann uns nicht überraschen. Für die meisten unserer Zeitgenossen bedeutet religiös sein in erster Linie, sich fortwährend anstrengen, sehr »brav« zu sein (wie ein vorbildliches Kind), und sich in acht nehmen vor allem Verbotenen.

Wie weit sind wir hier von der Bibel entfernt! Halten wir uns die großen biblischen Gestalten wieder vor Augen: Wir finden darunter Mörder, Lügner, Eifersüchtige, Verräter, Hochmütige, Ehebrecher, Aufrührer, Dirnen. Natürlich ermutige ich hier nicht zum Bösen; was ich klarmachen möchte, ist, daß der Akzent der Bibel auf dem Religiösen und nicht auf dem Moralistischen liegt. Religion bedeutet leidenschaftlich Gott und seine Gnade suchen. Moralismus bedeutet sich selbst suchen, das heißt den Anspruch erheben, von sich aus das Gute und das Böse zu erkennen, sich vor jedem Fehler hüten, indem man in ängstlicher Gewissenhaftigkeit allen Vergnügungen entsagt, was im extremen Fall bedeuten würde, daß man weder Gott noch seine Gnade mehr nötig hätte.

Ja, die Bibel ist im wesentlichen die Offenbarung der göttlichen Gnade. Es hat Gott gefallen, sich mit den Menschen zu versöhnen und ihnen seine grenzenlose und bedingungslose Vergebung zu gewähren. Die Gnade steht also in ausdrücklichem Gegensatz zu den eigenen Bemühungen; sie ist eine Befreiung von den erdrückenden Anstrengungen des Moralismus. Erdrückend ist das richtige Wort! Die Opfer einer solchen Erziehung erscheinen tatsächlich wie erschöpft von der unaufhörlichen und vergeblichen Anstrengung, mit der sie sich gegen die Versuchungen wehren, die aus diesem Grunde gerade zur Plage werden; erschöpft durch die Angst, den Versuchungen zu unterliegen, die Angst vor der Sünde und vor der göttlichen Züchtigung; das letztere oft, weil sich die Kirche auf wirklich mißbräuchliche Art hat zu Drohungen verleiten lassen, besonders unterwürfigen, arglosen und unschuldigen Kindern gegenüber, die gar nicht wußten, was Sünde überhaupt ist!

Wir erkennen in dieser Angst, einen Fehler zu begehen, die eben besprochene gesetzliche Denkweise des Kindes. Der Moralismus ist folglich eine infantile Regression der Kirche. Kommt eine Zeit der Verfolgung, so nimmt die Kirche sofort wieder eine tapfere Haltung ein. Sie wird von männlichen Persönlichkeiten angefeuert, von unbeugsamen Kämpfern, die sich an Gott anklammern, an seine Wahrheit, seine Inspiration, seine Liebe, die davon leben und daraus Kraft zu unerschütterlicher Treue schöpfen. Die Kasuistik des Moralismus wird mit einem Schlag hinweggefegt. Wenn aber die Kirche die Zustimmung der Welt findet, so zieht sie sich auf einen ängstlichen Konformismus zurück, aus dem jedes Abenteuer verbannt ist. Es ist tragisch, manchmal einen sehr frommen und moralischen

Menschen eines Tages keinen andern Ausweg mehr finden zu sehen als einen törichten Ehebruch, damit er wieder anfangen kann, ein wenig zu leben. »Wer den Engel spielen will, wird zum Tier«, sagte Pascal.

Pascal hat recht, und ich denke sehr oft an dieses paradoxe und tragische Wort. Die quälende Angst, einen Fehler zu begehen, das kindische Schuldgefühl, das durch sie Nahrung erhält, blockiert einen Menschen in seiner Entwicklung und Entfaltung und läßt ihn unmündig bleiben. Gerade durch diese Hemmung untergräbt die Angst seine sittliche Widerstandskraft, die wahre entschlossene Selbstbeherrschung, und begünstigt die befürchteten Niederlagen noch. Aber das schlimmste vom moralischen und religiösen Standpunkt aus ist die Suggestion, man könne das Schuldgefühl vermeiden, ihm entgehen – »den Engel spielen«, wie Pascal sagt –, ein gutes Gewissen erwerben, vorausgesetzt, daß man gewissen, vom Moralismus besonders hervorgehobenen Verführungen widersteht. So kann es beispielsweise vorkommen, daß ein Mann auf absolut grausame Weise seine Frau tyrannisiert, wobei er sich noch schmeichelt, ein vorbildlicher Gatte zu sein, weil er sie nie absichtlich betrogen hat!

Ich will nicht sagen, daß man seine Frau betrügen müsse, um ein besserer Gatte zu sein. Aber ich will damit betonen, daß das wahre Problem der Schuldgefühle ganz anderer Art ist. Es handelt sich darum, im Lichte des Evangeliums seine Schuld zu erkennen, demütig dazu zu stehen, anstatt hochmütig zu behaupten, ein gutes Gewissen zu haben. Das kindische Schuldgefühl und das gute Gewissen des Puritanismus sind von der modernen Literatur – von Autoren wie Camus, Simone Weil, J.-P. Sartre – durch ein Schuldgefühl ganz anderer Art, von sehr wohl biblischer Dimension ersetzt worden: es besteht darin, sich unlösbar mitverantwortlich zu fühlen für alles Böse, für alle Ungerechtigkeiten und für alle Leiden der Welt. Das ist das mündige Schuldgefühl, das in engem Zusammenhang steht mit dem Erwachen des Verantwortungsgefühls.

Nun, Verantwortungsgefühl gibt es nur in der Freiheit. Solange ein Kind nicht ungehindert zu seinen Neigungen, seinen Entschlüssen, seinen persönlichen Überzeugungen stehen darf, und solange seine Einstellung nicht respektiert wird, bleibt es ohne Verantwortung. Offenbar ist nicht jedermann dieser Ansicht. Kürzlich traf ich einen sehr lieben Freund, der offen eine gewisse Kritik hinsichtlich der Psychologen zum Ausdruck brachte. Er hat mir erzählt, daß ein Familienvater seinem heranwachsenden Sohn schon verschiedene Male Vorwürfe gemacht hatte, weil dieser lange Haare trug, wie es jetzt in gewissen Kreisen der Jungen Mode ist. Er gab ihm den ausdrücklichen Befehl, seine Haare schneiden zu lassen, und da der Sohn nicht gehorchte, hat er sie ihm heimlich im Schlaf abgeschnitten.

Mein Freund hielt das Verhalten des Vaters für richtig. In einer Familie muß, wie er sagte, ein bestimmter gemeinsamer Lebensstil vorhanden sein, und es ist Sache des Familienvaters, ihn zu bestimmen. Später wird die Zeit kommen, wo der Sohn seinen eigenen Lebensstil nach Belieben wird wählen und dann seinen Kindern vorschreiben können. So spielt es sich übrigens oft in Wirklichkeit ab: Wer am meisten in der Kindheit unter der tyrannischen Herrschaft seiner Eltern gelitten hat, pflegt oft nachher seine eigenen Kinder zu tyrannisieren, ohne sich richtig darüber Rechenschaft zu geben, und nimmt so eine Art unbewußter Rache, die das Böse von Generation zu Generation fortpflanzt. Ich für meinen Teil denke, daß das heimtückische Vorgehen jenes Vaters, von dem mein Freund sprach, nichts anderes ist als eine Verletzung der Person.

Daß er es mit seiner Ansicht von einem für das Familienleben notwendigen gemeinsamen Lebensstil rechtfertigt, mag noch angehen. Jeder hat das Recht, seine eigenen pädagogischen Theorien auszuwählen und zu verfechten. Ich möchte mir höchstens die Bemerkung erlauben, daß, wenn Eltern von einem Lebensstil sprechen, es sich dabei einfach um ein Vorurteil handelt, worüber sie nicht auf loyale Weise zu diskutieren vermögen, weil sie nicht unbefangen genug sind. Was mir aber schwerwiegend erscheint, ist, daß so viele autoritäre Eltern sich zur Unterstützung solcher Mißbräuche auf die göttliche Ordnung und die Moral des Evangeliums berufen. Der wahre Sinn christlicher Erziehung liegt doch offenbar darin, ein Kind zu einer persönlichen Begegnung mit Gott zu führen, in ihm immer mehr ein Gefühl persönlicher Verantwortung vor Gott zu erwekken, der es sich, solange es zu sehr von seinen Eltern abhängig ist, entziehen kann.

Die Begegnung mit Gott, die Bewußtwerdung einer Verantwortung vor ihm, das ist das befreiende Christentum, welches ich dem erdrückenden Christentum gegenüberstelle. Gerade die Abhängigkeit von Gott allein ist es, die uns von allen Vorurteilen befreit und uns zur Person werden läßt. Diese Befreiung wird bei keinem Menschen je ganz vollendet sein, aber gerade in diesem Zwiegespräch mit Gott gehen wir immer wieder einen Schritt vorwärts auf diesem Weg. Andere Leute sprechen nur von einem Zwiegespräch mit sich selbst, von einer Selbsteinkehr; denn sie geben sich nicht Rechenschaft, daß Gott es ist, der sie dazu führt, in sich zu kehren. Und der Weg ist für jeden wieder anders, aber stets führt er gerade durch moralische Fehler hindurch. Wir sind folglich sehr weit vom Moralismus entfernt.

Es gibt auch notwendige Fristen, die Gott allein kennt, eine Reifezeit, die niemandem erspart bleibt; manchmal braucht es dazu Mißerfolge und schmerzliche Prüfungen oder unerwartete Gnaden; bisweilen eine Zeit der inneren

Sammlung, eine Art Weg durch die Wüste oder auch den langsamen Abstieg in die dunklen Tiefen der Seele, wie ihn der psychotherapeutische Dialog mit sich bringt. Manchmal trifft ein plötzlicher Anruf Gottes auf die erstaunlichste Weise einen Menschen in seinem Innersten, er hat eine Überzeugung, der er sich nicht zu entziehen vermag. Und da kann es nun geschehen, daß ein scheinbar unbedeutender Gehorsam plötzlich das Klima eines Lebens ändert; es vereinfacht sich, was unlösbar verwickelt erschien, wie wenn das Schwert Alexanders den gordischen Knoten der psychologischen Komplexe durchschnitten hätte. Dann nimmt die persönliche Entwicklung einen neuen Aufschwung, dann stimmen Psychologie und Glauben wunderbar überein!

Aber was wird aus der von Jesus Christus geforderten Selbstverleugnung? werden wir nun einwenden. Geschieht es nicht deswegen, daß der Christ dem psychologischen Ideal der vollen Entfaltung nicht zustimmen kann? Schließen sich die von der Psychologie angepriesene Selbstbehauptung und die vom Apostel Paulus befürwortete Selbstverleugnung nicht unwiderruflich aus? Wir haben hier ein tragisches Mißverständnis, das ich sowohl bei den Kirchenleuten wie bei ihren Gegnern sehr häufig antreffe. Können wir uns einen selbstbejahenderen Menschen vorstellen als den Apostel Paulus? Die Selbstverleugnung des Evangeliums bedeutet keineswegs die Beschränkung auf ein kümmerliches Leben in einer dauernden kindischen Haltung, sondern sie ist vielmehr der Verzicht darauf, sein Leben selbst zu lenken, damit es unter der Führung Gottes zu reicherer Entfaltung gelange.

Die wahre Selbstverleugnung, das ist die Anerkennung von Gottes Oberherrschaft über unser Leben, das ist die Hingabe unseres Eigenwillens und der feste Entschluß, uns von Gott führen zu lassen in dem Maß, wie er uns offenbart, was er von uns erwartet. Es ist folglich falsch, einen Gegensatz zu machen zwischen der Selbstbejahung und der christlichen Selbstverleugnung, zwischen dem Kampf für unsere Überzeugungen und der christlichen Widerstandslosigkeit, wie das viele Menschen tun; dadurch werden zahllose aufrichtige Seelen in unlösbare Dilemmas hineingeführt; denn der Plan Gottes umfaßt sowohl die eine wie die andere der beiden Haltungen, und gerade indem wir uns von ihm inspirieren lassen, können wir beide harmonisch vereinen. Es handelt sich zum Beispiel keineswegs darum, unsere Talente zu vergraben, worauf Jesus in einem wohlbekannten Gleichnis hinweist, das heißt, sie ins Unbewußte zu verdrängen, sie in sehr eitler, angeblicher Bescheidenheit zu leugnen, sondern darum, unsere Talente Gott anzubieten, damit er sie fruchtbar sein läßt. Wenn er uns irgendein Talent gegeben hat, Intelligenz, Feingefühl, Idealismus, Willen, Eifer, so deshalb, damit wir es unter seiner Leitung zur Geltung bringen.

Offensichtlich finden wir hier den Begriff von einem göttlichen Plan wieder. Gott will diese Entwicklung, diese Fülle des Lebens; er hat sie im Gesetz seiner Natur verankert. Aber sein Plan zielt auf eine noch viel größere Lebensfülle hin als die, welche sich die Naturalisten vorstellen. Eine Fülle, die man nicht durch die Natur allein erreichen kann, so harmonisch sie auch sein mag, sondern nur durch die Führung Gottes, wenn wir uns ihm übergeben. Alle Hinweise Jesu Christi auf einen Verzicht sind begleitet von Verheißungen über Reichtümer »in hundertfältiger Zahl«. Und wenn er uns auffordert, um seinetwillen »unser Leben zu verlieren«, so geschieht es, um uns zu erretten, damit wir echtes, wahrhaft fruchtbares Leben finden.

Ja, nichts ist unrichtiger, als wenn man die Psychologie in Gegensatz zur christlichen Moral stellt, als ob die erstere bestrebt sei, die Menschen zu einer vollkommeneren Entfaltung zu führen, und letztere danach trachte, ihnen diese Entfaltung vorzuenthalten. Es handelt sich nur darum, jenen Reichtümern zu entsagen, die uns so sehr fesseln, daß sie uns an unserer fortschreitenden Entwicklung hinderten. Man muß empfangen, bevor man geben kann, anerkennen, was man erhalten hat, bevor man es hergibt, und man gibt nur auf, um echtere, dauerhaftere Reichtümer zu empfangen. Man muß empfangen, bevor man gibt, aber man empfängt nur, um zu geben; das ist ein Lebensgesetz, das die Bibel schon vor der Psychologie formuliert hat, das aber die Psychologie nicht bestreitet. Denn das Leben ist Bewegung, Austausch, Rhythmus. Wenn der Psychologe sich dafür einsetzt, einem Menschen das entbehrte Verständnis, die ermangelte Hilfe und Liebe entgegenzubringen, so darum, damit dieser sie seinerseits weitergeben und in der Hingabe an die andern über sich selbst hinauswachsen kann.

Es handelt sich also sehr wohl um die Lebensfülle im Evangelium. Das Leben mit Gott ist das größtmögliche Abenteuer. Die »Wiedergeburt«, von der Jesus zu Nikodemus spricht – einem auf dem Gipfel menschlichen Ruhms angelangten Manne –, schließt das »Mündigwerden« der Freudianer ein, sie ist die Grundlage der »Integration« der Anhänger Jungs, aber sie ist noch weit mehr. Jesus hat es selbst gesagt: Sie bedeutet das Reich Gottes, das ewige Leben und ist somit die Eröffnung einer ganz neuen Jahreszeit, die den Ursprung ewiger Fülle in sich schließt, befreit von dieser unerbittlichen Schranke des Todes, auf welche die am Anfang erwähnte junge Frau hinwies.

5. Der Sommer

Aber viele Menschen, sowohl Gläubige wie Ungläubige, meinen, daß die von Jesus angekündigte Lebensfülle nur im Jenseits zu finden sei. Natürlich bleibt hienieden die Entfaltung stets unvollkommen, das kann niemand bestreiten; Leiden, Mißerfolge, Unzufriedenheit bleiben unentwirrbar mit den Freuden, den Erfolgen und der Erfüllung unserer Wünsche vermischt. Aber die Verheißungen Christi sind dennoch nicht nur auf das Jenseits beschränkt. Sie gelten schon für das Heute: »Das Reich Gottes ist mitten unter euch« (Lukas 17, 21), sagt Jesus. Das Reich Gottes, das ist gerade dieses harmonische Wachstum, womit der Mensch den Plan Gottes verwirklicht, es beginnt nicht erst nach dem Tode, sondern schon jetzt. Es handelt sich ganz einfach darum, sein Leben zu erfüllen, nicht nur sein zukünftiges, sondern sein wirkliches, konkretes, gegenwärtiges Leben. Diese Erfüllung beginnt übrigens schon in der Kindheit, wo sie vorbereitet wird, in dieser Jahreszeit der Knospen, aber im Sommer, in der Jahreszeit der Früchte, wird sie sich vollziehen.

Sein Leben erfüllen! Denken wir an Eltern, die vor einer Wiege stehen. Schon beschäftigen sie sich mit der unbekannten Zukunft dieses Neugeborenen: Wird es im Leben Erfolg haben? Dabei werden sie vielleicht merken, daß diese Sorge um den Erfolg sie nie eine Sekunde verlassen hat, daß sie die treibende Kraft bei ihrer Arbeit, bei ihren Entscheidungen im Leben war, daß sie ihr Benehmen und ihre Worte beeinflußte, durch die sie sich zur Geltung bringen wollten. Unaufhörlich stehen sie unter dem bewußten oder unbewußten Eindruck, vor einem unsichtbaren Gerichtshof erscheinen zu müssen, der seinen Wahrspruch fällen wird: Mit Erfolg bestanden oder gescheitert.

Warum werden sie diesem Kind in der Wiege gute Manieren und Moral beibringen, es lehren, wie es sich in Gesellschaft zu benehmen hat, warum ereifern sie sich so, wenn es sich widersetzt, warum drängen sie es sogar gegen seinen Willen zum Studium, warum überwachen sie seine Freundschaften und machen sich Sorgen wegen der Wahl seines Bräutigams oder seiner Braut? Damit es Erfolg im Leben habe. Sogar der Religionsunterricht kann als eine zusätzliche Erfolgsmöglichkeit betrachtet werden, und es kommt vor, daß ungläubige Eltern ihr Kind schelten, wenn es den Konfirmandenunterricht versäumt; sie sagen sich: Wer weiß, vielleicht wird es ihm einmal nützlich sein im Leben!

Ich schreibe diese Zeilen im Augenblick, wo wir gerade zum viertenmal Großeltern geworden sind, meine Frau und ich. Angesichts eines ganz kleinen Kindes empfinde ich immer besonders stark eine seltsame und geheimnisvolle Erregung. Vielleicht ist es eine berufsbedingte Erscheinung; denn so viele Leute berichten mir ständig von ihren zahllosen Lebensproblemen. Ich bin mir mehr als andere der grenzenlosen und oft unlösbaren Schwierigkeiten bewußt, denen jeder Mensch im Laufe seines Lebens ausgesetzt ist. Andererseits bin ich mir auch besser als viele andere Leute bewußt, daß diese Schwierigkeiten nicht nur Hindernisse auf dem Weg zu einem erfüllten Leben sind, sondern daß sie auch Hilfsmittel bedeuten; denn ein erfülltes Leben beginnt nicht erst, nachdem man alle sich täglich stellenden Probleme gelöst hat, sondern es besteht gerade in dieser mutigen Inangriffnahme der Probleme; bisweilen auch in der Freude, die man bei der Überwindung von Schwierigkeiten empfinden kann, aber öfter noch in ihrer demütigen Annahme, im geduldigen Ertragen, selbst wenn es nicht möglich ist, sie zu lösen. Denn das Leben besteht nicht nur aus Siegen, sondern aus vielen Kämpfen und aus Unterstützung.

Sein Leben erfüllen heißt sicher nicht den Schwierigkeiten und Problemen auf bequeme Weise aus dem Wege gehen. Denn das Leben ist immer Bewegung, und Stillstand bedeutet Tod. Solange selbst die kleinste Zelle im Organismus lebendig ist, gibt es für sie Probleme zu lösen: Sie muß unterscheiden können, was sie aus dem sie umgebenden Milieu als Nahrung aufnehmen soll und was sie andererseits zurückweisen muß, damit sie nicht vergiftet wird. Ebenso scheint jeder lebensnahe, mitten im Sommer des Lebens und im Erfolg stehende Mensch, der im Aufstieg und in voller Tätigkeit begriffen ist, mit Freuden immer zahlreichere und schwierigere Aufgaben in Angriff zu nehmen.

Jener Industrielle, der über seine Kräfte arbeitet, bis er einen Herzinfarkt erleidet, der sich beklagt, keine freie Minute mehr zu haben, und doch nicht aufhört, sein Unternehmen zu vergrößern, warum bürdet er sich solche Lasten auf? Um Geld zu verdienen? – Keineswegs. Er wird von seinem Erfolg beherrscht. Ein Unternehmen, das nicht mehr wächst, ist dem Untergang geweiht. Und wenn er einen teuren Wagen kauft, so geschieht es nicht so sehr wegen des Komforts oder um eine schöne Ferienreise zu machen, wozu er doch keine Zeit mehr hat, sondern um seinen Erfolg zu bekunden. Es gibt sogar Männer, die sich nur aus diesem Grunde eine Geliebte nehmen.

Lächeln wir nicht! Keiner entgeht dieser Zwangsläufigkeit. Das Ziel kann verschieden sein, aber niemand ist dem Erfolg gegenüber gleichgültig. Die Freude am Erfolg ist es, die den Gelehrten oder Techniker von Entdeckung zu Entdeckung treibt: Stellt sich ihm ein Problem, so findet er keine Ruhe, bis er die Lösung gefunden hat. Daher ist es vollkommen utopisch, wenn brave Leute angesichts der Atombombe vorschlagen, die wissenschaftliche Forschung zu begrenzen. Es gibt keinen Pfarrer, dem es nicht schmeichelte, wenn seine Predigten gut besucht sind, oder der für das Lob, das ihm irgendeine demütige Seele spendet, nicht empfänglich wäre. Mir selbst liegt das Gelingen des Buches, das ich gerade schreibe, sehr am Herzen. Und wer nicht an seinen Erfolg glaubt, fällt in Depression oder versucht, auf irgendeine andere Art zu glänzen, wobei er sich zum Beispiel unbewußt, aber unerbittlich in Mißerfolge verstricken kann.

All das enthält folglich eine universelle und tief menschliche Wahrheit. Es ist die Intuition, daß es für jeden Menschen einen Lebensplan gibt und daß seine Vollendung erfülltes Leben bedeutet. Jedermann ahnt auch, daß dieses erfüllte Leben weit über das hinausgeht, was man gewöhnlich unter »Erfolg im Leben« versteht. Der Erfolg im Leben bildet das Thema vieler Handbücher, besonders amerikanischer, die oft von viel gesundem Menschenverstand zeugen und voll von guten und nützlichen Bemerkungen sind. Aber der Erfolg findet kaum anderen als äußeren und gesellschaftlichen Widerhall und berührt das Innerste des Menschen nicht.

Es gibt also ein Gesetz des Sommers, dem es zu gehorchen gilt, damit der Sommer sich so erfüllen kann, wie wir weiter oben von der Erfüllung der Kindheit sprachen. Das Gesetz der Kindheit, das war eben jene passive Unterwerfung, jenes ängstliche Bestreben des gesetzlichen Lebensalters, Verbotenes zu meiden. Diese Sorge kann aber nicht die vorherrschende Regel für das ganze Leben bleiben, ohne eine infantile Regression zu bewirken. Das Gesetz des Sommers ist es, Früchte zu tragen, Jesus Christus hat es selbst so formuliert. Was Gott vom Leben eines reifen Menschen erwartet, ist, daß es fruchtbar sei. Der Akzent ist verlegt worden. Man kann ein beispielhaftes Leben führen, ohne Früchte hervorzubringen. Dieses Bild eines Früchte tragenden Baumes ist das Symbol der Lebensentfaltung. Und Jesus sagt weiter: »Wenn ihr in mir bleibt, werdet ihr viele Früchte tragen.« Er selbst hat von einem unfruchtbaren Baum gesprochen, den der Gärtner aufs sorgfältigste pflegte, damit er reiche Frucht trage. Darin besteht auch unsere Arbeit als Arzt: der Natur und den Menschen helfen, damit sie die Früchte hervorbringen, die zu tragen sie berufen sind.

Um fruchtbarer sein zu können, heißt uns Jesus, ihm unser Leben zu übergeben. Dieser entscheidende Wendepunkt unserer Hingabe stellt sich folglich keineswegs als eine Beschränkung unseres Lebens, sondern im Gegenteil als eine Erweiterung, eine Bereicherung heraus. Vor einiger Zeit fand ich mich mit meinen gleichaltrigen ehemaligen Studienkameraden zu einem Nachtessen zusammen. Ich fühlte mich als einer der jüngsten unter ihnen. Ich, der ich mehrere Male durch Krisen und Erschütterungen hindurchgegangen war und dann jeweils geglaubt hatte, die ganze Orientierung meines Lebens habe sich geändert, entdeckte nun in mir eine merkwürdige Treue zu meinen ursprünglichen Idealen, während jene, die scheinbar ohne Hindernis ihre Anfangsrichtung beibehalten hatten, diese Treue verloren, indem sich ihre Begeisterung unmerklich verflüchtigte.

So wird nun das Gesetz des Lebenssommers die Tat sein: die Gründung eines Heims, das Ergreifen einer Laufbahn und die fortwährende Weiterentwicklung von beidem. Bei der verheirateten Frau spielt das Heim die größere Rolle, beim Mann die Karriere. Aber weder er noch sie werden zur vollen Entfaltung gelangen, wenn sie nicht beide Gebiete mit einbeziehen, das heißt, die Frau soll sich auch mit dem Beruf des Mannes identifizieren und der Mann darf sich nicht so stark von seinem Beruf in Anspruch nehmen lassen, daß er seine Aufgabe in der Familie vernachlässigt. Ich erinnere mich immer noch an einen Patienten, der mich, als er auf dem Gipfel seines Ruhmes stand, ein einziges Mal aufsuchte und dann zu mir sagte: »Ich habe mein Leben verfehlt; denn ich bin zwar erfolgreich in meiner beruflichen Laufbahn gewesen, aber ich habe in der Ehe versagt.«

Es wäre zu einseitig, wenn ich hier nur von der beruflichen Laufbahn und der Ehe spräche. Dies sind zwei Lebenslagen, deren Bedeutung für jedermann offensichtlich ist. Und für die Ledigen handelt es sich darum, ihren Ledigenstand zu erfüllen, das heißt, ihn mit Überzeugung voll und ganz zu leben, Früchte zu tragen und ihn nicht als Niederlage zu erleiden. Aber es gibt zahllose erstrebenswerte Dinge; bei jedem Menschen sind es wieder andere und auch ihre Rangordnung ist verschieden. Jeder nährt in seinem Herzen einige wichtige Ambitionen, die er verwirklichen muß, sonst läuft er Gefahr, sein Leben als Niederlage zu empfinden. Ich bin erstaunt, wie viele Menschen, wenn sie in meine Sprechstunde kommen und versuchen, eine ehrliche Bilanz ihres Lebens zu ziehen, diesen gleichen Satz vor sich hinmurmeln: »Ich habe mein Leben verfehlt.« Dieser Ausspruch ist natürlich immer eine Übertreibung. Ich könnte mit ihnen diskutieren, Einspruch erheben, sie an all das erinnern, was in ihrem Leben wertvoll ist. Aber das wäre nutzlos. Man hilft den Menschen nicht, indem man sie widerlegt, sondern indem man sie versteht. Und ich verhalte mich schweigend, um sie in ihrer wichtigen und schmerzlichen Selbstprüfung nicht zu unterbrechen.

Jener Satz ist wie ein Aufschrei. Er bringt eine Vorstellung zum Ausdruck, die tief in jedes Menschenherz eingeschrieben ist: die Vorstellung, daß das Leben nicht ein harmloses Vergnügen oder ein zufälliger Spaziergang ist, sondern daß es einer Partie gleicht, die nur einmal gespielt werden kann und die man notwendigerweise gewinnen oder verlieren muß. Man kann die schlechten und die guten Züge beim Spiel bekritteln, das Endresultat jedoch ist es, das zählt. Jedermann hat folglich das Gefühl, daß das Leben einen bedeutenden Einsatz erfordert. Die Erfolgskriterien können voneinander abweichen, das Erfordernis des Erfolgs wird allgemein anerkannt.

Gott selbst interessiert sich für unsern Erfolg! Nicht nur für unser ewiges Heil, von dem die Theologen sprechen, das heißt für unser religiöses Leben, sondern für unser praktisches Dasein, für unsere berufliche Tätigkeit, für unsern Einsatz in Familie und Gesellschaft. Zu viele Leute stellen diese beiden Aspekte des Daseins, den geistigen und den konkreten, einander gegenüber, und das ist der Auffassung der Bibel ganz entgegengesetzt. Jesus Christus, der Mensch gewordene Gott, ist ans Ufer gegangen, wo die Fischer ihre Barke an Land zogen: Er interessierte sich für ihr berufliches Leben und hat sich erkundigt, ob sie viele Fische gefangen hätten. Natürlich erweitert er später ihren Horizont und macht Evangelisten aus ihnen, aber zuerst hat er sich für ihre Arbeit interessiert und ihnen dazu gute Ratschläge erteilt, anstatt sie von der Arbeit abzulenken. Er erkannte wohl, wie sehr es Simon Petrus an einem Erfolg bei seiner Arbeit gelegen war, und er vermutete, daß er später bei der ihm anvertrauten Leitung der Kirche vom gleichen Eifer beseelt sein werde.

Gott hat den Menschen nach seinem Bilde geschaffen, das heißt, er hat ihm diesen Tatendrang und dieses schöpferische Bedürfnis verliehen, die aus ihm den Partner und Mitarbeiter Gottes machen. So viele Leute stellen Meditation und Tat einander gegenüber, anstatt sie miteinander zu verbinden, wie Gott es will. Der Lebenssommer ist die Jahreszeit des Handelns; aber die fruchtbarste Tat geht aus der Meditation hervor, und ihr Ursprung und ihr Antrieb liegen in Gott selbst. Denn der Gott der Bibel ist ein tätiger Gott! Er ruht sich nicht aus, abseits von der Welt und ihren Schicksalsschlägen. Er ist ein Gott, der handelt, der in die Geschichte eingreift, der sich mit dem von ihm erwählten Volk, mit seinem Geschick, seinen Siegen und seinen Niederlagen solidarisch erklärt, er ist ein Gott, der in das Leben eines jeden Menschen eintritt, der mit ihm die Freuden des Erfolgs und die Verzweiflung der Niederlage erlebt. Alle Menschen tragen in sich eine Sehnsucht nach schöpferischem Abenteuer, und wer es im Leben nicht hinlänglich verwirklichen kann, tröstet sich damit, im Kino oder vor dem Fernsehschirm spannende Filme zu verfolgen!

Jener ist aufrichtiger, der in meiner Sprechstunde vor sich hinmurmelt: »Ich habe mein Leben verfehlt!« Wenn man ihm sagte, er sei zu ehrgeizig, man könne im Leben nicht alles haben und müsse sich zufrieden geben mit dem, was man hat, wäre das keineswegs eine befriedigende Antwort. Wir fühlen alle, daß es gewisse, so wertvolle Dinge für uns gibt, daß sie durch keine noch so herrlichen andern Schätze ersetzt werden könnten. Diese würden uns nur wie ein zum Trost dargebotenes Zückerchen erscheinen, das uns nicht lange zu täuschen vermöchte. Und von dem Augenblick an, wo ein Mensch sich darüber klarwird, kann er in eine furchtbare Krise hineingeraten. Jene Schätze scheinen plötzlich jeden Wert verloren zu haben, und er läuft Gefahr, einem enttäuschten und bitteren Zynismus zu verfallen.

Manche Menschen machen aus dieser defaitistischen Philosophie eine Lebenslehre. Es kommt oft vor, daß mir ledige Frauen sagen, wie sehr sie darunter leiden, nicht verheiratet zu sein. Öfters fügt eine von ihnen noch hinzu, daß wohlmeinende Freundinnen ihr gesagt hätten, sie habe es sich selbst zuzuschreiben, wenn sie ledig geblieben sei: »Du bist zu anspruchsvoll! Du wartest auf einen vollkommenen Mann, den es nicht gibt; du hast eine zu ideale Vorstellung von der Ehe, die sich nicht verwirklichen läßt.« Eine andere Patientin litt besonders stark unter einer beruflichen Unbefriedigtheit. Sie suchte im Ausland einen Kollegen von mir auf, der ihr sagte: »Sie haben eine Dauerstelle und Ihr Auskommen; damit müssen Sie sich zufrieden geben; Sie wollen zu hoch hinaus! Es gibt noch manch andere Dinge, die uns zu befriedigen vermögen außer der Arbeit. Das Leben ist wie ein Garten; wir müssen uns damit begnügen, die kleinen Blumen am Wegrande zu pflücken, anstatt immer nach andern Ausschau zu halten, viel schöneren vielleicht, die wir aber nie erlangen werden. Ein paar bescheidene Feldblümchen können uns über viele Enttäuschungen hinwegtrösten!« Glücklicherweise hat sich jene junge Frau nicht entmutigen lassen! Sie setzte ihre Anstrengungen fort und erhielt bald darauf eine höhere Stellung; das bedeutete ihr mehr als die Blümchen des Psychiaters; sie sah in ihrer Beförderung zu einer interessanten Arbeit eine Antwort Gottes, und auch ich faßte es so auf.

Das Gesetz des Sommers ist die Tat, ist Früchte hervorbringen, aber was für Früchte? Man muß Handeln nicht mit ruheloser Tätigkeit verwechseln. Einer rechten Tat muß eine überlegte und inspirierte Wahl vorausgehen. Manche Männer und Frauen, die mitten in einem erfolgreichen und fruchtbaren Leben stehen und viele nützliche Ämter bekleiden, können es sich nicht verzeihen, daß sie im Trubel ihrer rastlosen Tätigkeit einen in ihrer Jugend vernommenen inneren Ruf vernachlässigt und unbeantwortet gelassen haben. Wenn man auch Glück im Leben haben kann, durch Erfolge auf irgendeinem beliebigen Gebiet, so kann man doch sein Leben – wie jedermann fühlt – nicht auf jede beliebige Weise erfüllen. Diese Erfüllung schließt eine gewisse Wahl in sich, ein Wertmaß, die Vorstellung eines ganz persönlichen Plans, nicht eines x-beliebigen, den man je nach den Umständen aufs Geratewohl erfinden könnte.

Es ist die Vorstellung eines göttlichen Plans, die jeder Mensch in sich trägt, selbst wenn er ungläubig ist. In diesem Fall wird er sich hüten, ihn einen Plan Gottes zu nennen, aber der Begriff bleibt derselbe, wie es Gottes Plan ist, daß ein Apfelbaum Äpfel und nicht Birnen trägt. Es ist die Vorstellung, daß das Leben ein Geschenk ist, das eine Verantwortung in sich schließt; daß ein Gott, ein bekannter oder unbekannter, etwas von uns erwartet, und zwar nicht irgend etwas Beliebiges. Dieser Gott hat, wie die Natur es uns beweist, eine außerordentlich starke Neigung zur Abwechslung und zur Mannigfaltigkeit. Er schuf Millionen von Pflanzen- und Tierarten, die alle ganz verschieden voneinander sind, und Menschen, von denen keiner gleich ist wie der andere. Folglich ist kein Leben unbedeutend für ihn, sondern jedes hat seinen persönlichen Wert, jeder Mensch hat seine eigenen Charakterzüge und seine besonderen Talente.

Zur Verschiedenheit der angeborenen Talente und der ererbten Neigungen kommt die Mannigfaltigkeit der Schicksale hinzu, die dazu beitragen, unsere Persönlichkeit zu formen und uns den Weg vorzuzeichnen, ferner mancherlei sich uns bisweilen aufdrängende Lichtschimmer, die uns ein Ziel, eine Richtung, einen Lebenssinn, eine Berufung ahnen lassen. Jeder Mensch fühlt das, jeder hat dadurch den Eindruck, daß er nicht aufs Geratewohl vorwärtsgeht oder in den Fußstapfen anderer marschiert, sondern auf einem ganz persönlichen Weg, der ihn irgendwohin führen muß, er weiß nur noch nicht wohin. Er geht tastend vorwärts, während Lichtschimmer und Dunkelheit einander ständig ablösen, oft im Gehorsam, aber auch durch viele Irrtümer hindurch, und rückblickend erst erhalten die Ereignisse seines persönlichen Lebens eine Bedeutung. Dann vermag er zu erraten, daß Gott es ist, der ihn auf diese Weise ruft, der etwas von ihm erwartet, und daß er selbst für sein Leben vor Gott verantwortlich ist.

Es ist, als ob eine unsichtbare Hand ihn auf ein ihm zunächst unbekanntes Ziel hinführte, und das geschieht, ich betone es, sogar durch seine Irrtümer. Das ist ein großes Geheimnis. Die Bibel führt uns das sehr anschaulich vor Augen; lesen wir sie wieder, und wir werden es auf jeder Seite erkennen: Der Plan Gottes verwirklicht sich nicht nur durch die Gehorsamsleistungen inspirierter Menschen, sondern auch durch ihre Irrtümer, sogar durch ihre Sünden. Das erreicht seinen Höhepunkt im Falle von Judas, der zum Sinnbild der ganzen menschlichen Sünde wird und trotzdem seinen Platz im göttlichen Plan der Erlösung hat. Jesus selbst sagt zu ihm: »Was du tust, das tue bald.« Ich erwähne das, um die zu beruhigen, die untröstlich darüber sind, weil sie glauben, ihr Leben sei verloren, da in einem bestimmten Augenblick ein Irrtum in der Weichenstellung sie in eine falsche Richtung geführt hat. Niemand kann aus dem Plan Gottes herausfallen. In jedem Augenblick können wir einen Plan Gottes finden, wie viele Trümmer sich auch angehäuft haben mögen.

Jeden Augenblick kann es geschehen, daß die Gegebenheiten der Vergangenheit, sowohl die Talente wie die Irrtümer, durch eine göttliche Erleuchtung einen neuen Sinn bekommen. Wir finden hier die bereits erwähnte enge Verbindung zwischen der Natur und dem Übernatürlichen wieder. Betrachten wir beispielsweise einen Mann, wie den Apostel Paulus mit seinem Temperament voller Angriffslust. Er verfolgte mit dem ganzen unerbittlichen Eifer seiner kompromißlosen Natur die im Entstehen begriffene Kirche. Als er Christus auf dem Weg nach Damaskus begegnet ist, hat sich der ganze Lauf seines Lebens geändert. Aber seine natürliche Charakteranlage ist trotzdem dieselbe geblieben: Er hat seine Angriffslust behalten, und sie wird in der Hand Gottes ein machtvolles Werkzeug zur Verbreitung des Evangeliums.

Beachten wir, wie weit wir vom Moralismus entfernt sind! Es geht nicht mehr darum zu wissen, ob unser Charakter gut oder schlecht sei, sondern darum, ob wir ihn dem Plan Gottes gemäß brauchen. Und dieser Plan enthält Fristen. Es handelt sich nicht nur darum, zu tun, was Gott will, sondern es in dem von ihm gewollten Zeitpunkt zu tun. Theodor Bovet aus Zürich hat in seinem Büchlein »Zeit haben und frei sein« (Stundenbuch 74) diesen biblischen Begriff des kairos (καιρός), der Zeit Gottes, besonders hervorgehoben. Oftmals finden wir in der Bibel Wendungen, wie »seine Stunde war noch nicht gekommen ...« oder »als die Zeit erfüllt war ...«, und Jesus spricht von den Fristen der Natur, von der Geduld des Bauern, der bis zur Ernte warten muß. Es gibt notwendige Reifezeiten.

Das Reifen ist sogar für die Qualität der Früchte ausschlaggebend. Daher darf die Jahreszeit des Sommers, dieses Lebensalter des Handelns, nicht nur aus Taten bestehen, sondern muß auch Stunden der inneren Sammlung enthalten. Und je weiter die Jahreszeit fortschreitet, einen um so größeren Raum wird die Meditation einnehmen. Denn in ihr vollzieht sich dieses Suchen nach dem Plan Gottes, nach einem persönlichen Wertmaß, nach einer Entscheidung, damit die Tat nicht nur Unruhe und Zersplitterung bedeute, sondern zum Werk werde. Es ist nicht gut, wenn diese Entscheidung zu früh getroffen wird, schon zu Beginn der Jahreszeit. Es scheint ungünstig, wenn die Jungen sich vorzeitig für eine Philosophie, ein Lebensziel, einen Glauben, eine Frau entscheiden wollen. Für den Wert dieser Wahl selbst ist es von Bedeutung, zuerst mannigfaltigen Ideen und Auffassungen sowie unterschiedlichen Gesellschaftskreisen begegnet zu sein.

Je weiter jedoch die Jahreszeit vorrückt, um so mehr drängt sich die Notwendigkeit einer Wahl auf. Leben heißt wählen. Wer aus einer kindischen Lebensauffassung heraus nichts von den menschlichen Reichtümern aufgeben, nichts opfern, auf nichts verzichten will, zersplittert sich und gelangt nie zu echter Entfaltung. Das so aufrichtige Beispiel von André Gide in dieser Hinsicht und sein Geständnis an seinem Lebensabend sind ergreifend. Es ist so, als ob man nicht über seine Jugend hinauswachsen könne, bis ins hohe Alter. Je älter man wird, um so utopischer erscheint eine Lebensfülle, die als Ansammlung von Erfolgen und Taten sowie von allen menschlichen Möglichkeiten aufgefaßt wird.

In der Jugend kann man sich noch Illusionen hingeben, von der Zukunft erwarten, was der Gegenwart fehlt. Früher oder später aber muß man sich von diesem Irrtum befreien. Hinter jedem erreichten Ziel zeichnen sich ein Dutzend anderer ab. Ehedem hoffte man noch, nach und nach alles, was einem im Leben vorenthalten wurde, einholen zu können, und dann geschieht es, daß einem dieses Defizit immer größer vorkommt. Man muß auf mehr Dinge verzichten, als man verwirklichen kann. Neben Befriedigungen gibt es auch Enttäuschungen, neben Erfolgen notwendigerweise auch Mißerfolge. Eines Tages wird man begreifen, daß die Mißerfolge vielleicht fruchtbarer sind als die Erfolge; denn sie sind es, die uns zu dieser Überprüfung der Werte zwingen, was bald das Gesetz des Alters sein wird.

Plötzlich kann uns eine Krankheit überraschen, mitten im Berufsleben, mitten in rastloser Tätigkeit, und uns lahmlegen und uns gleichzeitig auch in gewisser Hinsicht die Eitelkeit unseres Tuns offenbaren. Dann hat der Mensch das Bedürfnis nach jemandem, mit dem er die auf ihn einstürzenden Probleme besprechen kann. Ihm eine rasche Heilung versprechen, ihn so gut wie möglich beruhigen, ihm sogar Hoffnung machen, sein früheres Leben wieder im gleichen Tempo weiterführen zu können, genügt jetzt nicht mehr. Jede Krankheit kündigt den Tod an, der eines Tages kommen und dieser so vergänglichen Lebensfülle ein Ende setzen wird! Mit jener Krankheit, mit irgendeiner andern schweren Enttäuschung hat das Alter begonnen. Man ermißt die unabänderliche Unvollkommenheit des Lebens.

6. Der zweite grosse Wendepunkt des Lebens

Ja, so ist es, plötzlich naht der Herbst heran. So schön auch im Frühling die Blumen blühten, so reich an schmackhaften Früchten der Sommer auch gewesen sein mag, man entdeckt, daß die Zahl der Früchte sowie auch ihre Zeit begrenzt ist. Es gibt noch schöne, goldgelbe Trauben in den Weinbergen, aber ihre Tage sind gezählt; wenn die Weinernte zu sehr hinausgezögert wird, faulen die Trauben. Man fühlt deutlich, daß eine Krisis unvermeidlich ist, eine schmerzlichere vielleicht noch als jene der Jugendzeit. Diese »Wendung« können viele Leute nicht ausführen, auf alle Fälle nicht freiwillig und rechtzeitig; sie landen in irgendeinem Graben, der durch eine Krankheit körperlicher oder seelischer Natur symbolisiert wird. Sicher spielen organische Faktoren, Änderungen in der inneren Sekretion der Hormondrüsen eine Rolle bei den Störungen der Wechseljahre oder bei den entsprechenden Altersstörungen des

Mannes. Aber der Wechsel der Jahreszeit hat immer eine seelische Erschütterung zur Folge.

Ob man die gesteckten Ziele erreichen konnte oder nicht, der Sommer ist vorbei. Selbst eine Frau, die mehrere glückliche Mutterschaften hinter sich hat, sieht nicht ohne bedeutende psychologische Auswirkungen den Zeitpunkt herannahen, wo ihre Fruchtbarkeit zu Ende sein wird; was muß dann erst jene empfinden, die keine Kinder gehabt hat, die seit langem schon ihre Aussichten schwinden sah, aber immer noch eine, wenn auch wenig wahrscheinliche Hoffnung hegen konnte, solange diese unabwendbare Stunde noch nicht geschlagen hatte! Ebenso beginnt sich ein Mann auf dem Höhepunkt einer fruchtbaren Laufbahn Rechenschaft zu geben, daß er die Grenze erreicht hat, daß er sich nicht immer größere Verantwortung aufladen kann. Wie muß es dann erst einem andern zumute sein, der immer deutlicher einsieht, daß er einen falschen Weg eingeschlagen, daß er ohne Überzeugung und ohne besonderen Erfolg vegetiert hat, weil er in der Wahl seines Berufes fehlgegangen ist! Er hatte zum Beispiel ein künstlerisches Talent, aber aus Besorgtheit um seine Sicherheit oder unter dem Druck der Eltern ist er in ein Büro eingetreten, wo er sich dann immer gelangweilt hat. Er fühlt sich schuldig, aber es ist zu spät, um eine andere Laufbahn zu ergreifen.

Mit welchem Jahr beginnt das Alter? Jung zitiert irgendwo einen Traum eines seiner Patienten. Zum besseren Verständnis des Traumes fügt er hinzu, daß der Träumende vierzig Jahre alt gewesen sei, das Alter, wo nach der Ansicht Jungs der Lebensabend beginnt und wo man nach einem langen Aufstieg lernen müsse, wieder hinunterzusteigen. Es ist sicher nicht die Absicht Jungs, ein bestimmtes Datum für diesen Wendepunkt festzulegen, aber er will die Notwendigkeit dieser Wende betonen. »Es ist unmöglich«, schreibt er, »den Lebensabend nach demselben

Plan zu leben wie den Morgen.« Auch der Abend – ein neues Bild – bricht unmerklich herein so, wie der Herbst sich allmählich einstellt. Aber der Lebensplan wird völlig umgestürzt. Das ganze Problem von Erfolg und Mißerfolg wird sich in anderer Weise stellen, und bei dieser Gelegenheit erkennt man deutlich, daß die aufeinanderfolgenden Jahreszeiten grundverschieden voneinander sind.

Noch vor kurzem, in der Vollkraft des Lebens, ist dem Menschen der Kampf um den Erfolg sehr wichtig gewesen; er spannte alle seine Kräfte an, damit das begonnene Werk gelingen möge. Der Erfolg seines Lebens stand dabei auf dem Spiel. In dieser Jahreszeit eine Niederlage bagatellisieren, sich leichthin damit abfinden, unter dem Vorwand, daß gemäß einer höheren Weisheit alle Dinge hienieden eitel seien, wäre keineswegs richtig gewesen, sondern ein wirklicher Verrat an sich selbst, eine feige und beschämende Demission. Die gesunde Antwort auf eine Niederlage in dieser Jahreszeit des Sommers ist eine neue Kraftanstrengung, der Wille zur Wiedergutmachung, damit der Mißerfolg durch einen um so strahlenderen Erfolg ausgelöscht werde. Ebenso erzeugen Prüfungen, Krankheit, großes Leid in diesem Alter eine gerechtfertigte Auflehnung. Aber es kommt ein Tag, wo es nötig sein wird, daß man jenen Stolz, jenen Willen zur Wiedergutmachung, jene Auflehnung hinter sich läßt. Verzichte, schwierige Bejahungen werden von uns gefordert. Aber zu welchem Zeitpunkt?

Lange kann man darüber im Zweifel sein, und es ist nicht leicht, den Menschen zu helfen, hierbei klar zu sehen. Worauf sollen sie entschlossen verzichten? Oder welch mutiger Aufschwung wird von ihnen verlangt, um die Verwirklichung unerfüllter Wünsche noch zu ermöglichen? Soll man alles daransetzen, um zu versuchen, noch bestimmte, besonders ersehnte Ziele zu erreichen? Oder ist es Torheit, sich in dem Maß für die Erlangung eines begrenzten Erfolgs einzusetzen, der ohnehin keinen endgültigen Wert besitzen kann? Im Grunde stehen sich bei diesen Erwägungen zwei Auffassungen von erfülltem Leben gegenüber, die des Sommers und die des Herbstes. Und unterdessen geht das Leben weiter. Eines Tages wird jene Frau wissen, daß sie endgültig kein Kind mehr haben kann, oder jener Mann, daß er nie den Lehrstuhl für Philosophie erhalten wird, auf den er sich seit seiner Jugend vorbereitet hatte. Der Herbst ist da.

Man kann die Zeit nicht einholen. Wir sehen es deutlich bei jenen, die infolge Krankheit jahrelang abseits vom aktiven Leben stehen mußten. Wenn sie sich nach ihrer Heilung nicht mit ihrem Alter abfinden können, sondern die verlorenen Jahre einholen möchten, so leben sie gegen die Zeit, gewinnen die Vergangenheit nicht zurück und verlieren die Gegenwart. Gleich verhält es sich mit jeder Niederlage, in die man sich nicht fügen kann. Natürlich ist das eine Angelegenheit der Jahreszeiten: Es ist sehr fatal, wenn ein junger Mensch eine skeptische Verachtung für die Freuden und Ambitionen seines Alters zur Schau trägt, unter dem Vorwand, daß sie nur von kurzer Dauer seien und kaum etwas bedeuteten im Hinblick auf die Ewigkeit; aber es ist genauso ungünstig, wenn ein an der Schwelle des Alters stehender Mensch sich an eine enttäuschte Hoffnung klammert, als ob von nun an alles vergeblich sein werde, als ob die Erfüllung des Lebens unbedingt an ein bestimmtes Ereignis gebunden sei, so wertvoll dieses auch sein mag.

Es ist interessant zu sehen, wie dieses Problem von Erfolg und Mißerfolg sich in der Bibel entwickelt. In der primitiven Zeit des Alten Testaments wird es auf sehr einfache Weise dargestellt: Gott verspricht jedem, der ihm gehorcht, Erfolg; jede Niederlage der Israeliten wird einem

Ungehorsam von ihnen zugeschrieben, jeder Sieg, jede Wohltat wird als direkte Belohnung ihres Gehorsams Jahwe gegenüber betrachtet. Wir sind hier noch sehr nahe bei den primitiven Religionen oder jenen des mythologischen Altertums, wo der Mensch danach trachtete, sich die Gunst der Götter und der Geister zu erwerben. Später kommt das Zeitalter der großen Propheten, das des Buchs Hiob und der Psalmendichter, es ist das Zeitalter der Überlegungen und oft der heftigen Auflehnungen: Gott läßt manchmal zu, daß seine Feinde Erfolg haben und seine treuesten Diener Prüfungen und Niederlagen erleiden müssen. Woher kommt es, daß die Bösen Erfolg haben? Was soll man von einer solchen Ungerechtigkeit denken? Manche Propheten, besonders Jeremia, haben sich zu einer Sicht durchgerungen, die von niemand je übertroffen worden ist: Es gibt einen tieferen, mutigeren und fruchtbareren Erfolg als den Sieg und das Wunder, es ist die Annahme der Niederlage und des Mißerfolgs.

Auch im Evangelium können wir eine Jahreszeit der Erfolge und eine solche der Niederlagen unterscheiden, und Jesus hat sie beide in vollem Umfang durchlebt, ohne irgendwie auszuweichen. Wir lesen von seinen aufsehenerregenden Erfolgen in Galiläa, welche die ihm zuströmenden Volksmengen mit Hoffnung erfüllten, und Jesus wies sie erst zurück, als sie ihn zum König dieser Welt zu machen beabsichtigten, was dem Plan Gottes zuwiderlief. Aber wir haben auch die Einsamkeit der Passion, die Niederlage nicht nur dem Volk, sondern auch seinen Jüngern gegenüber, die davonlaufen und ihn verraten, bis hin zu dem furchtbaren Wort am Kreuz: »Mein Gott! Warum hast du mich verlassen?« Und der Übergang von einer Jahreszeit zur andern wird von den Evangelisten sehr deutlich vermerkt: Es ist der Augenblick, wo Jesus, noch mitten im Erfolg stehend, seinen Jüngern anzukündigen beginnt, daß er werde leiden müssen. Die Jünger lehnen sich gegen diesen Gedanken auf. Sie wollen nicht auf ihren ehrgeizigen Plan verzichten, den politischen Triumph des Meisters, der das Reich Israel wiederherstellen und die Römer verjagen soll. Das Kreuz, das ist die Niederlage Gottes, das ist die Verwirklichung von Gottes Plan durch sein Ja-Sagen zu dieser Niederlage. Offenbar haben die Erfolge ihren Sinn, und es handelt sich nicht darum, sie zu verachten; aber auch die Niederlagen haben ihren Sinn und vielleicht einen noch tieferen. Was Erfolg und Niederlage Sinn verleiht, ist, daß sie beide zur Erfüllung des göttlichen Plans beitragen.

Erstaunlicher ist vielleicht die Gefahr gewisser Erfolge. Das zeigt sich in der Geschichte, wo so viele Menschen oder auch Völker von Erfolg zu Erfolg schreiten können, bis es zur Katastrophe kommt. Umgekehrt sagt Joseph Folliet scherzend von England, es sei stets »gelassen von Niederlage zu Niederlage marschiert bis zum Endsieg«. Es ist notwendig, hier auf die Gefahr der Hochkonjunktur hinzuweisen. Kürzlich machte ich eine Reise nach Finnland. Beim Kontakt mit Ländern wie diesem, dessen Volk gefahrvoll und unter schwierigen Verhältnissen lebt, kann ich ermessen, wovon mein Land, die Schweiz, bedroht wird: von ihrem Wohlstand und ihrer ungestörten Ruhe. Und in Finnland haben mir sogar viele Menschen gesagt, daß sie die Zeit des fürchterlichen »Winterkriegs« vermißten, wo sie heldenhaft, aber außergewöhnlich einmütig gegen einen hundertmal mächtigeren Feind kämpften.

Der Wohlstand führt ein gewisses, nicht nur vorzeitiges, sondern auch falsches Altern herbei; denn es besteht nicht aus einem inneren Wachstum und aus einer Verfeinerung der Wertmaße, sondern aus blasierter Langeweile, aus einem Versiegen der Lebensquelle. Wir erleben es auch, daß Menschen in dem Augenblick sozusagen zusammenbrechen, wo sie das gesteckte Ziel erreicht haben. Ein Beamter strebte während seiner ganzen Laufbahn danach, die oberste Rangstufe zu erreichen und Abteilungsleiter zu werden. Der Aufstieg dauerte viel länger, als er es sich vorgestellt hatte, und nun wird er am Tage nach seiner so sehr ersehnten Ernennung krank, und er fühlt wohl, daß diese Krankheit kein Zufall ist.

Ein anderer führte über Jahre einen mühsamen Prozeß. Recht bekommen war sein Lebensziel, aber weiß Gott, was für Überraschungen und Fristen das Prozeßverfahren mit sich bringen kann! Als er endlich den Prozeß gewonnen hatte, empfand er keineswegs die erwartete überschwengliche Freude, sondern eine große Leere; er fühlte sich mutlos und ohne Ziel, hatte für nichts mehr Interesse und seine Lebensquelle schien versiegt zu sein. Dieser Kampf um den Prozeß hatte ihn derart erfüllt, daß er zum Inhalt seines Lebens geworden war, und nun hat durch seinen Sieg das Leben jeden Sinn verloren. Wird er rechtzeitig seinen Wertmaßstab einer Überprüfung unterziehen können? Wird er noch genügend Kraft finden, um über den Sinn des Lebens nachzudenken, anstatt unaufhörlich über den Verlauf seines Prozesses zu grübeln? Das ist nicht sicher.

Ja, der Übergang von einer Jahreszeit zur andern ist kritisch, weil sich der Lebensplan, wie Jung sagt, notwendigerweise ändern muß und weil dieser Plan, dieses Ziel bis dahin die eigentliche Triebkraft des Lebens war. Zur Zeit der Erfolge ist die Vorstellung, die sich der Mensch von der Lebensfülle macht, einseitig: Sie bedeutet immer erfolgreicher, immer produktiver werden! Das ist eine starke Kraft, die ihn zum Handeln antreibt, bis zu dem Tag, wo er entdeckt, daß jene Fülle unerreichbar ist. Das wäre ein Wettlauf ohne Ende, der notwendigerweise immer unvollendet bliebe. Der Mensch muß folglich früher oder später einen andern Begriff der Fülle entdecken, einen viel subtileren, viel instinktmäßigeren, mehr übernatürlichen Begriff. Freud selbst, er, der nur die Instinkte im Menschen sah, hat das an seinem Lebensabend intuitiv empfunden, als er es unternahm, dem Lebensinstinkt einen Todesinstinkt gegenüberzustellen, ein wenig in der Art wie Pierre Teilhard de Chardin, der große Gläubige, die Wachstumsphänomene den Abbauphänomenen, die Hingabe der Loslösung gegenüberstellt.

Der eine wie der andere erkennt wohl, daß diese beiden entgegengesetzten Bewegungen durch das ganze Leben hindurch nebeneinander bestehen, aber in unterschiedlicher Stärke. Leben heißt wählen! und das vom ersten Tage an; und etwas wählen, heißt auf etwas anderes verzichten. Wenn man indessen jung ist, sieht man vor allem das, was man wählt, und wenn man älter wird, sieht man immer mehr das, worauf man verzichten muß. In der Jugend faßt man nur die Erfolge als Fortschritt, als etwas Positives auf; im Alter kann man die Entdeckung machen, daß es Niederlagen gibt, die noch fruchtbarer sind, und Verzichte, die noch reicher machen. Wir alle tragen, wie André Sarradon sagt, »totgeborene Zwillingsideen« in uns, die potentiellen Wesen, die wir hätten werden können, wenn wir eine andere Wahl getroffen hätten. Und je älter man wird, um so besser versteht man, daß es ganz unmöglich gewesen wäre, sie alle zu verwirklichen.

Aber beim Herannahen des Herbstes werden die Entscheidungen dringlicher, schmerzlicher, grausamer. Sie setzen nicht mehr nur die Ausrichtung nach einem übernommenen Wertmaß voraus, was lange als Kriterium bei den aufeinanderfolgenden Entscheidungen gedient hat, sondern eine Überprüfung jenes Wertmaßes selbst. Diese Stunde der Überprüfung der Werte kommt notwendigerweise für jeden, der nicht vorzeitig stirbt, und wenige Menschen nur treten ihr mit Erfolg entgegen. Die Mehrzahl versinkt in

Bitterkeit, trauert der zu Ende gegangenen Jahreszeit des Sommers nach, lehnt sich gegen erlittene Enttäuschungen auf oder ergeht sich in endlosen Erzählungen über ihre vergangenen Zeiten des Ruhms. Selbstzufriedenheit oder Auflehnung, das sind zwei Möglichkeiten, im Alter zu versagen. Und jedermann fühlt, daß eine glückliche Lebensmitte, auf die ein verfehltes Alter folgt, nicht ein erfülltes Leben ausmacht.

Karlfried Graf von Dürckheim erzählte mir kürzlich, daß ihn ein älterer Herr aufgesucht habe, der strahlend und voller Stolz erzählte, daß ihm eben erst noch eine Bergbesteigung gelungen sei, vor der viele jüngere Leute zurückschreckten. »Ich finde das töricht«, hatte ihm Dürckheim lebhaft geantwortet. Und als der Gesprächspartner protestierte, entgegnete er: »Was hat es denn für einen Sinn, für nur ganz kurze Zeit Leistungen aufrechtzuerhalten, die den Naturgesetzen zuwiderlaufen und auf die man schließlich doch verzichten muß?« Wenn die Lebensfreude nur noch von solchen Heldentaten abhängt, ist sie von vornherein dazu verurteilt, in baldige Verzweiflung auszumünden.

Ja, hier haben wir eine weitere Form von Entwicklungsverweigerung. Das wahre Glück ist immer an eine tiefe innere Einheit gebunden. Es setzt also stets eine Bejahung seines Alters voraus; man muß ja sagen dazu, kein Kind mehr zu sein, wenn man das Erwachsenenalter erreicht hat, verzichten auf manche Beschäftigungen des tätigen Lebens, wenn man älter wird. Das ist das Problem der Pensionierung, die für gewisse Menschen eine wunderbare Zeit sein kann und für andere eine harte Prüfung. Woher kommen wohl solche Unterschiede? Teilweise beruhen sie sicher auf dem Temperament. Aber sie rühren noch von ganz anderen Dingen her. Die Menschen, die sich am meisten über die Pensionierung beklagen, sind im allgemeinen solche, die sich vorher am meisten über die Arbeit beklagten und sich danach sehnten, davon befreit zu werden! Es ist folglich ein Problem der seelischen Verfassung, der wirklichen Reife; denn es stellt sich eine ernste Frage: Welches ist der Sinn des Lebens?

7. Der Herbst

Ja, welches ist der Sinn des Lebens? Die Frage läßt sich nicht in einem Tag lösen. Sie wird sich mit um so stärkerer Dringlichkeit stellen, je mehr die Kräfte und die Tätigkeiten abnehmen. Sie wird den alternden Menschen unaufhörlich beschäftigen: Das Alter ist eine Zeit der Überprüfung der Werte, ein fortschreitender, aber schwieriger Übergang von den veränderlichen zu den bleibenden Werten.

Wenn wir in dieser Studie über den Menschen beabsichtigten, ihn auf seinem Gang durchs Leben, in seiner fortschreitenden Entwicklung – wie die Natur sich von Jahreszeit zu Jahreszeit entwickelt – zu betrachten, so stellt sich nun notwendigerweise die Frage: Ist diese Entwicklung blind wie ein zufällig gebauter, zweckloser Mechanismus, der sich von selbst und ergebnislos dreht? Oder muß sie irgendwohin führen und so dem ganzen Leben einen Sinn verleihen? Mitten im Sommer, in voller Tätigkeit, stellt sich diese Frage kaum. Das Ziel ist dann die Verwirklichung all unserer Zukunftspläne. Es drängt sich dem Menschen auf ganz natürliche Weise auf beim Hervorbrechen seiner Wünsche, Ambitionen und Triebe.

Mit zunehmendem Alter erscheint die Zeit jedoch mehr und mehr als ein sich erschöpfendes Kapital. Und ihr Ablauf beschleunigt sich nach einem physiologischen Mechanismus, den uns Carrel erklärt hat. Je älter man wird, um so kürzer erscheint die noch vor uns liegende Zeit, selbst wenn es noch zwanzig Jahre sein mögen, eine Zeitspanne, die dem Kind so lange vorkommt. Und das ist gerade der Zeitpunkt, wo die Kräfte abzunehmen beginnen, wo man nach und nach auf Dinge verzichten muß, die man früher noch mit Leichtigkeit tat.

Diese Zeilen schrieb ich vor acht Jahren, anläßlich der ersten deutschen Ausgabe dieses Büchleins. Damals fügte ich noch folgendes hinzu: »Es ist wahrscheinlich kein Zufall, daß man gerade mich gebeten hat, dieses Thema zu behandeln, der ich eben die Sechzig überschritten habe und bereits fühle, wie meine Kräfte abnehmen. Mag ich auch noch manchen Patienten nützlich sein oder einige Bücher schreiben, so wird das nicht mehr viel an meinem Leben ändern. Die Würfel sind gefallen. Was ich tun, lernen oder erwerben konnte, verliert allmählich seinen Wert. Das »Tun« und das »Haben« werden vom »Sein« abgelöst. Was bei älteren Leuten zählt, ist, was sie sind, und nicht, was sie noch tun werden oder was sie angehäuft haben und nicht mitnehmen können.«

Jetzt hat mein Verleger mich gebeten, dieses Büchlein für eine erweiterte Neuausgabe zu überarbeiten. Ich gebe mir sehr wohl Rechenschaft darüber, daß das, was ich vor acht Jahren schrieb, für mich mehr Theorie als Wirklichkeit war. Es ist verhältnismäßig leicht, von abnehmenden Kräften zu sprechen, wenn man sich noch stark fühlt. Seit damals habe ich noch mehrere Bücher geschrieben und in meiner Sprechstunde im Dialog mit Patienten wunderbare Erfahrungen gemacht. Der Sommer war für mich also noch nicht beendet, auf alle Fälle nicht in dem Maß, wie man es meinen Worten nach zu schließen hätte glauben können. Wir wissen übrigens nie genau, ob wir in bezug auf unser Alter nicht etwas vortäuschen, um entweder älter oder jünger zu erscheinen, als wir es körperlich sind, oder abwechslungsweise sowohl das eine wie das andere.

Wie es viele andere Menschen tun, habe auch ich lange von meinem Alter gesprochen und von der Notwendigkeit, mein Arbeitspensum allmählich zu reduzieren, ohne aber wirklich Ernst damit zu machen. Ich mußte im letzten Jahr erst schwer erkranken, bis ich wirklich mein Arbeitstempo änderte. Es ist also nicht so sehr eine selbstgewählte als eine auferlegte Einschränkung! – wenigstens habe ich sie bereitwillig angenommen und voll und ganz dazu ja gesagt. Und ich habe gemerkt, daß mir mein Leben eher fruchtbarer erscheint als vorher, obwohl sich die Zahl meiner Konsultationen und Vorträge bedeutend verringert hat. Aber ich besitze das seltene Privileg, meine berufliche Tätigkeit allmählich abbauen zu können, während die meisten Leute heutzutage plötzlich in den Ruhestand versetzt werden. Ihre Reaktionen auf dieses Ereignis sind sehr verschieden. Für manche ist es eine furchtbare Prüfung. Sie fühlen sich degradiert, sie haben den Eindruck, von der Gesellschaft verworfen zu sein. Für andere wieder, deren Leben ganz der Arbeit gewidmet war, ist die Pensionierung wie ein brutaler Sturz in eine entsetzliche Leere. Wieder andere fühlen sich noch jung im Geist, sie sind voller Pläne und freuen sich, endlich all das tun zu können, worauf sie schon lange ungeduldig gewartet haben. Aber hier handelt es sich eher um ein neues, erfreuliches Aufleben des Sommers als um einen Herbst.

Ich sah auch solche, die sich zuerst auf den Ruhestand freuten und darauf, gerade das tun zu können, was ihnen bis jetzt verwehrt gewesen, die aber dann, als es so weit war, nichts von alledem taten. Alles erschien ihnen farblos, sie wurden nicht mehr von der Routine des Lebens mitgerissen. Noch andere wieder freuen sich nur ganz kurze

Zeit an ihrer Pensionierung und beginnen schon sehr bald an ihrem inhaltslosen Leben zu leiden. Die kleinen, erträumten Beschäftigungen kommen ihnen plötzlich gemacht vor, dem wirklichen Leben fremd. Am glücklichsten ist, wer begreift und annimmt, daß sich das Leben mit dem Alter ändern muß, daß das, was man tut, noch tun kann, immer mehr an Bedeutung verliert, und daß es von nun an hauptsächlich auf das Innenleben ankommt. Solche Menschen sind weniger anfällig für dieses schreckliche Gefühl der Nutzlosigkeit, das die meisten alten Leute so schwer bedrückt und woran die ganze Auffassung unserer modernen westlichen Welt, wo in erster Linie die Leistung zählt, mitschuldig ist. Bei den antiken Griechen standen die Greise in viel höheren Ehren. Denken wir an das Symbol von Nestor, der die Weisheit personifizierte. Die Tat war für die Griechen vor allem ein Mittel zur Erlangung von Weisheit.

Gerechtigkeitshalber muß man anerkennen, daß die Zahl der betagten Leute im antiken Griechenland verhältnismäßig viel kleiner war und daß man sie um so mehr ehren konnte, je seltener sie waren. Aber sollte unsere moderne Welt nicht ebenfalls ihre Kriterien revidieren und wenigstens einsehen, daß, wenn das »Tun« das Kriterium des Sommers ist, es ein anderes für den Herbst braucht? Wenn die Zahl der alten Leute bei allen Völkern dank den Fortschritten der Medizin immer mehr anwächst, so drängt sich eine tiefgreifende und echte Aufwertung des Alters auf. Aber sollte nicht der alternde Mensch selbst das geheime Mittel dazu entdecken, anstatt sich als abgedankten Erwachsenen zu betrachten?

Ich habe das Wort »echt« verwendet, weil jedermann fühlt, daß es nicht genügen kann, aufs Geratewohl ein neues Lebensziel zu erfinden, als harmlosen Zeitvertreib zum Trost für Greise. Es geht darum, den wahren Sinn des Lebens zu entdecken, und das Suchen danach wird das Gesetz des Alters sein, wie das emsige und gehorsame Lernen das Gesetz des Kindes war und das selbständige Handeln das des Erwachsenen. Ich habe schon immer eine Vorliebe für alte Leute gehabt und sie mit besonderer Freude betreut, wahrscheinlich, weil ich fühlte, daß in ihrer Nähe beim Herannahen des Todes mit seinen neuen Maßstäben über die wahren und dauerhaften Werte entschieden wird. Wenn schon in mittleren Jahren leben in zunehmendem Maß wählen heißt, so wird diese Wahl zur höchsten Berufung im betagten Alter, wo das Leben aus Entbehrungen und Verzicht besteht und die irdischen Schätze allmählich ihren Glanz verlieren.

Dann tritt die mehr und mehr an Wirksamkeit verlierende, rein technische und wissenschaftliche Medizin in den Hintergrund und läßt der »médecine de la personne« den Vorrang. Die alten Leute leiden an manchen Übeln, gegen die man nicht mehr viel anderes tun kann als auf gut Glück Vitamine und Hormone verabreichen. Nein, ich will nicht übertreiben und weder die Bemühungen des Augenarztes um die Erhaltung des Sehvermögens unterschätzen, und seine Freude beim Gelingen noch die Bemühungen des Ohrenspezialisten um die Verbesserung des Gehörs. Aber der Tag wird kommen, wo die Fähigkeit zu lesen oder zu hören weniger vom Zustand der Organe abhängt als von einer inneren Disposition der Person.

Und wenn die Medizin keine andern Hoffnungen mehr zu spenden hat als eine gewisse, zeitlich begrenzte Belebung einer im Abnehmen begriffenen Fähigkeit, so wirkt sie seltsam enttäuschend. Ein plötzliches Wiederaufleben des Sommers mitten im Herbst erfreut sogar nicht einmal mehr besonders. Es wird eher als Mißklang empfunden und läßt kommende schlimmere Tage ahnen. Bedauernswerte Geschäftsleute, die fortfahren, jeden Tag in ihr Büro zu gehen, um damit eine Illusion aufrechtzuerhalten! Ihre ganze Umgebung muß bei dieser Komödie mitspielen und ihnen vortäuschen, sie seien noch für etwas da, während die Geschäfte hinter ihrem Rücken von den andern geleitet werden.

Wer merkte nicht, daß diese Menschen in Wirklichkeit ihr Alter nutzlos vertun! Wenn man sich nämlich an die Vergangenheit anklammert, wenn man eigensinnig die Zeit in die Länge zu ziehen sucht, dann eben verbringt man ein fruchtloses Alter, weil man nicht so lebt, wie es die Jahre erfordern. Wenn die technische Medizin in den Hintergrund tritt, dann gerade ist es Sache des Arztes, dem Patienten zu einer neuen Entwicklung zu verhelfen und ihn vor einer Regression zu bewahren. Es ist unsere Aufgabe als Arzt, den Menschen bis zum Ende beizustehen; wir sollen ihnen helfen zu leben, und helfen, alt zu werden. Eine neue Entwicklung, das bedeutet dieser Frage nach dem wahren Sinn des Lebens ins Auge sehen und ihr nicht ausweichen, dieser Frage, auf welche die Menschen in der Zeit des Handelns zu oberflächliche, jetzt nicht mehr standhaltende Antworten fanden. Das heißt vorwärtsschauen und nicht zurück, das heißt sich von der Vergangenheit lösen. Wie es notwendig ist, daß das Kind sich von seiner kindlichen Lebensweise befreit, um mündig zu werden, und daß der junge Mensch sich bei seiner Verheiratung von seinen Eltern löst, so ist es ebenfalls erforderlich, daß der alternde Mensch sich von den Auffassungen der Lebensmitte frei macht, um einen schönen Herbst zu erleben und sich noch weiter zu entwickeln.

Indes besteht trotz der wiederholten Umwälzungen eine gewisse Kontinuität der Tendenzen. Im Charakter der meisten alten Leute erscheinen jene Neigungen besonders ausgeprägt und verschärft – manchmal bis zur Karikatur –, die sich bei ihnen schon in jungen Jahren zeigten. Wer egoistisch war, wird es später in verstärktem Maße sein, und wer edelmütig war, überbietet sich dann selbst an wohlwollender Freundlichkeit, Selbstlosigkeit und heiterer Bejahung seiner Gebrechen und seiner Einsamkeit. Darum gibt es wenig durchschnittliche Greise, bei denen Licht und Schatten ausgeglichen sind. Das Alter bereitet sich also schon im Laufe des Lebens vor, es erhält seine Prägung lange, bevor es da ist.

Aber ich spreche hier nur von dem nach außen hin Sichtbaren, hinter dem sich eine ganz andere, tiefe Wirklichkeit verbergen kann. Ich erinnere mich immer noch an einen gebrechlichen und ganz verbitterten Greis, der von jedermann als großer Egoist angesehen wurde. Jede Woche suchte ich ihn auf, aber unsere Gespräche drehten sich nur um seine Klagen und Beschwerden über erlittene Ungerechtigkeiten. Ein wirklicher Dialog schien gänzlich ausgeschlossen zu sein; denn dieser alte Mann verhielt sich jedem tieferen Problem gegenüber scheinbar gleichgültig. Und siehe da, plötzlich begann er – ohne daß ich es bewirkt hätte –, von einem schon so lange auf seinem Gewissen lastenden Zwischenfall aus seiner Kindheit zu erzählen, wovon er bis jetzt nie etwas zu jemandem zu sagen gewagt hatte.

Es war, als ob ein Pfropfen herausgesprungen sei, wobei sogleich eine Flut von lebenswichtigen Fragen hervorbrach, Fragen über die göttliche Vergebung, über den Sinn des Lebens und über die Verheißungen der Gnade. Welch ein Gespräch! Oder wenn man lieber will, alles verlief so, als ob die Seele dieses alten Mannes einem Gefäß mit doppeltem Boden ähnlich gewesen sei, dessen heimliches Versteck sich plötzlich, ohne daß wir wüßten warum, aufgetan habe. Ich glaube, es gibt viel mehr solcher Greise, als wir meinen, die in scheinbarer Gleichgültigkeit dahin leben, während sie sich in Wirklichkeit innerlich mit ernsten Fragen beschäftigen; es wäre nötig, daß sie sich darüber aussprächen, aber sie können sich nicht dazu überwinden. Der Pfropfen springt nicht heraus, und das Versteck öffnet sich nicht.

Die Besucher geben ihnen allzu oft kaum eine Gelegenheit dazu. Sie verschanzen sich wohlweislich hinter harmlosen und banalen Gesprächsthemen, als ob sie sich selbst vor der Gemütsbewegung fürchteten, die ein echtes Gespräch über den Sinn des Lebens und des Todes hervorrufen könnte. Es besteht eine Art geheimer Übereinkunft, die tieferen Gesprächsthemen beiseite zu lassen. Man gefällt sich darin, einen Greis, dessen Sehkraft abnimmt, auf sein besonderes Vorrecht eines guten Gehörs aufmerksam zu machen, oder wenn er nicht mehr gut hört, auf das Privileg, noch lesen zu können. Diese Art von Aufmunterung tröstet aber niemanden. Denn die wahre Aufgabe besteht gerade darin, den Lauf des Lebens und die Einschränkungen, die das Alter mit sich bringt, zu bejahen, anstatt sie zu leugnen oder hinter Banalitäten zu verbergen.

Es handelt sich hier also um eine ähnliche Erscheinung wie die zu Beginn besprochene in bezug auf die Kinder. Jahrhundertelang ist die Tiefe und der Reichtum der Kinderseele verkannt worden und zwar absichtlich verkannt worden, indem man den Kindern gegenüber eine konventionelle und oberflächliche Ausdrucksweise annahm, die das Tor zu Geständnissen verschlossen hielt. Die Erwachsenen stellten sich beispielsweise so, als ob sie glaubten, das Kind beschäftige sich noch nicht mit Fragen der Sexualität, in Wahrheit wollten sie sich die Gemütsbewegung ersparen, die ihnen eine solche Besprechung verursacht hätte. Es war notwendig, daß die Psychologen ernstlich auf die Kinder zu hören begannen, damit diese ihre geheimen Gedanken offenbarten. Ein Mensch öffnet sich nur dem, der ihm wirklich aufmerksam, respektvoll und leidenschaftlich zuhört. Eine analoge Entdeckung ließe sich wahrscheinlich bei den alten Leuten machen: Sie befassen sich weit mehr mit dem Sinn des Lebens, als man wahrhaben will, aber sie können sich nicht ernstlich darüber aussprechen, solange wir es uns angelegen sein lassen, sie davon abzulenken, und ihnen nur zerstreut zuhören, als ob sie schon für jede tiefere Gemütsbewegung unempfänglich seien.

Sicher gibt es solche, deren körperlicher und psychischer Zustand zu geschwächt ist, als daß ein echtes Zwiegespräch in Gang kommen könnte. Mit diesen hätte man früher sprechen sollen. Aber wieviele andere gibt es, denen man aufmerksamer zuhören müßte, um zu entdecken, was ihre Seele quält! Besteht hier nicht auch eine Angst vor Erschütterung, eine Angst, nicht antworten zu können auf Fragen über den Tod und das Jenseits? Es handelt sich nicht darum zu antworten, es handelt sich darum zuzuhören! Wenn ein alter Mensch immer wieder von seiner Vergangenheit spricht, ist es wichtig, daß man ihm auch mit Interesse zuhört, anstatt zu denken, daß er sich nur viel zu sehr mit sich selbst befasse. Sobald wir jemanden auf diese Art einer Kritik unterziehen, wird es unmöglich, das in ihm zu entdecken, was unser Vorurteil über ihn genau widerlegt.

Denn es handelt sich für den alten Menschen nicht darum, seine Vergangenheit zu verachten, sondern eine Lehre daraus zu ziehen, eine Lehre, die ihre Gültigkeit behält und deren Wert zunehmen wird, während die Vergangenheit in den Hintergrund tritt. Das ist die Zeit, wo der Mensch mit größerer Muße, als er es im Feuer der Tat tun konnte, über sein Leben nachdenkt und die Frage nach dem Wert zu enträtseln sucht. Wir sehen das bei all jenen, die zu uns kommen, um uns ihr Leben zu erzählen. Jeder Lebensbericht ist gefärbt, ist durch ein bewußtes oder unbewußtes Werturteil beeinflußt. Man kann nicht alles erzählen, was man erlebt hat. Dazu brauchte es mehr Zeit, als um es zu erleben, und auch dann wäre der Bericht nicht gefeit gegen Entstellung. Wie schwer ist es, klar zu sehen in der Überfülle von Erlebtem!

8. Der Sinn des Lebens

Ob es sich nun darum handelt, Klarheit über seine Vergangenheit zu bekommen, darin unbewußte Faktoren zu entdecken, wie man es in der Psychotherapie zu machen pflegt, oder darum, diese für das Alter so notwendige Überprüfung der Werte zu vollziehen, niemand kann das ganz allein tun, indem er sich auf sich selbst zurückzieht. Sondern es geschieht nur im Gespräch mit dem andern, mit jemandem, der sich wirklich dafür interessiert und der leidenschaftlich zu verstehen wünscht. Eine klassische psychoanalytische Technik ist, wie jedermann weiß, von einem bestimmten Alter an nicht mehr anwendbar. Aus diesem Grunde hat sich Jung wahrscheinlich für die Probleme des Alters mehr interessiert als Freud; denn er war weniger ausschließlich technisch orientiert. Das Gespräch kennt keine Altersgrenze, und die alten Leute haben es besonders nötig, um diese sich ihnen aufnötigende Überprüfung der Werte auszuführen, um ihr Leben noch einmal zu überdenken, seine Licht- und Schattenseiten, und nach dessen bleibendem Sinn zu suchen.

Eine Lebensgeschichte bedeutet ein Schicksal. Gerade indem man diesen Sinn für die Bewegung, für die Einheit des Lebens wiederfindet, wobei jedes Ereignis mit der Vergangenheit und mit der Zukunft in Zusammenhang steht, entdeckt man auch wieder das spezifisch Menschliche, das einem entgangen war, als man den Menschen isoliert und statisch betrachtete. Nicht jeder Augenblick hat an sich einen Sinn; erst ihre Verkettung ergibt einen solchen, verwandelt den Menschen von Stufe zu Stufe und führt ihn seiner Vollendung entgegen. Das Schicksal eines Menschen erfüllt sich mit jedem Ereignis seines Lebens. Ebenso hat in einem Organismus – wie Lecomte du Noüy es aufzeigte – kein Teil, keine Zelle, kein Organ für sich allein einen Sinn, sondern erst die Verbindung aller miteinander zu einem Ganzen ergibt einen solchen. Und solange das Leben dauert, bleibt alles in Bewegung, in immerwährender Veränderung, in Entwicklung.

Der Mensch kann sich ändern, und er verändert sich bis zu seinem letzten Atemzug. Auch hier stimmt die Wissenschaft wieder mit der Bibel überein. Wenn die Psychotherapie die Menschen heilt, so deshalb, weil sie sie ändert. Sie führt einen neuen Determinismus ein, der ihre Entwicklung in eine andere Richtung lenkt. Die Psychotherapie entreißt die Menschen automatischen inneren Zwangsabläufen, die durch ihre Vergangenheit bedingt waren, um sie zu einer neuen inneren Freiheit zu führen. Auch die Menschen der Bibel ändern sich, und das kommt deutlich in ihren Schicksalen zum Ausdruck. Durch das Zusammentreffen von Ereignissen, durch die Begegnung mit andern und die Begegnung mit Gott ändert sich ihr Verhalten, und aus dieser Umwandlung ihres Lebens wird ein sich erfüllendes Schicksal deutlich erkennbar. Sie gelangen zu größerer innerer Freiheit und finden einen Sinn für ihr Leben. Die Wiedergeburt, von der das Evangelium spricht, die Personwerdung des Menschen, ist immer mit einer bewußten oder unbewußten Gotteserfahrung verbunden.

Wie G. Gusdorf gezeigt hat, ist im Leben nicht alles gleichwertig, und wer in einem Tagebuch peinlich genau über sein Leben Rechenschaft ablegen will, kann ganze Bände füllen, ohne sich selbst zu verstehen. Dann erkennen wir, daß der eigentliche Wert des Lebens nicht in einer endlosen Anhäufung von Dingen liegt, ähnlich einer sorgfältig zusammengestellten Briefmarkensammlung, sondern eher in einer Richtung, die man in ein paar entscheidungsvollen Stunden eingeschlagen hat. Es gibt in jedem Leben bevorzugte Augenblicke, die mehr zählen als alle übrigen, weil sie eine Stellungnahme, einen verpflichtenden Einsatz, eine entscheidende Wahl bestimmt haben. Indem man sich für etwas einsetzt, wird man Person. Durch den Einsatz bekundet der Mensch seine Menschlichkeit.

Diese Wendepunkte des Daseins sind in der Regel selten. Sie bereiten sich manchmal langsam, unmerklich vor und reifen in langen Krisenzeiten heran, oder sie treten blitzartig in Erscheinung, es ist ein plötzliches Auftauchen eines im Unbewußten vorbereiteten Prozesses ins Bewußtsein. Wenn wir jedoch ihr Hauptmerkmal zu verstehen versuchen, werden wir gewahr, daß es sich dabei immer um eine Begegnung handelt, eine Begegnung mit einer Idee, mit einem Menschen, denen gegenüber der Betreffende nicht neutral bleiben konnte, unausweichlich Stellung nehmen, eine Verantwortung übernehmen sich verpflichten mußte.

Begegnung mit der Verlobten, deren Gegenwart den ganzen Lauf des Lebens ändern wird, weil die Liebe eine totale Offenheit bedingt, wodurch man genötigt wird, sich bis auf den Grund zu eröffnen. Begegnung mit einem Freund, von dem uns vielleicht ein Wort besonders getroffen hat, dessen Lichtschein wir nie mehr vergessen werden; Begegnung mit einem Buch, einem Film, einem Naturereignis, einem Philosophen oder einem Prediger. Plötzlich nimmt der totale Einsatz des Lebens in einer besonderen Begegnung Gestalt an und verleiht dem Leben Sinn und aufbauende Kraft. Die Bibel ist nichts anderes als eine Reihenfolge von Menschenschicksalen, in denen uns diese entscheidenden Augenblicke, diese bevorzugten Momente, wie es die echten Begegnungen sind, deutlich vor Augen geführt werden. Und sie gibt uns zu verstehen, daß es Gott selbst ist, der diese Menschen immer wieder zu Begegnungen führt, um sich ihnen jedesmal ein wenig mehr zu offenbaren.

Hinter einer solchen Begegnung steht immer, ob wir es nun wissen oder nicht, eine Begegnung mit Gott; es ist, als ob er durch sie hindurchscheine. Ja, sicher, sogar auch in dem Augenblick, wo ein Mensch im Kommunismus sein Evangelium findet und sich von nun an mit Leib und Seele ihm verschreibt. Ich befinde mich hier jenseits aller doktrinären Debatten, aller Bindungen und Verpflichtungen, in denen man sich gegenseitig bekämpft, und will versuchen, das spezifisch Menschliche zu erfassen. Hier offenbart sich dieses gebieterische Verlangen, einen Sinn für sein Leben zu finden und es diesem Sinn unterzuordnen, ein Verlangen, das von Gott kommt. Aber jede Geistesschöpfung, jede Lehre, alle Formeln, die die Menschen erfinden, sind vergänglich, auch jedes Ideal veraltet, wenn es an der Zeit ist. Nur der wahre Gott allein bleibt.

Daher ist die bewußte Begegnung mit dem lebendigen Gott das für den Menschen größte Ereignis, das persönliche Ereignis schlechthin. Die Umstände und die Formen dieser Begegnung sind von unendlicher Verschiedenheit. Sie bedeutet aber immer eine solche Überraschung, daß sich die Überzeugung aufdrängt, daß sie auf eine direkte Initiative Gottes hin erfolgt ist. Jedes Jahr am Karfreitag erhalte ich den Brief einer Patientin zur Erinnerung an einen bestimmten Karfreitag, an welchem sie – nachdem ich sie damals schon manches Jahr ohne großen Erfolg behandelt hatte – plötzlich, als sie ganz allein in ihrem Zimmer war, die allmächtige Gegenwart Gottes fühlte, ohne daß sie durch irgend etwas Besonderes darauf vorbereitet worden wäre.

Ich denke hier auch an den Brief einer Unbekannten. Sie schrieb mir aus Amerika. Im Augenblick der Abreise hatte sie, ohne zu wissen warum, eines meiner Bücher in ihren Koffer gesteckt, und im Flugzeug begann sie, ganz zufällig ein wenig darin zu blättern. Aber sie gibt sich ebensowenig wie ich der Illusion hin, daß mein Buch an dem, was mit ihr über dem Atlantik vorging, schuld sei. Seit vielen Jahren stellte sie, wie sie mir schrieb, allen ihr begegnenden und dafür zuständigen Personen hartnäckig die gleiche Frage: Wer ist Gott? Und nie erhielt sie eine befriedigende Antwort. Auch mein Buch hat ihr sicher keine solche gegeben. Nie habe ich zu sagen gewagt, wer Gott sei.

Wir befinden uns hier jenseits aller Diskussionen, aller Debatten über Meinungen und Ansichten, im Bereich der Person. Es ist die persönliche Gegenwart Gottes, die jene Frau plötzlich im Flugzeug spürte. »Es war ein neues Geschöpf«, schrieb sie mir, »das seinen Fuß auf amerikanischen Boden setzte und das in Zukunft nie mehr das Bedürfnis haben wird, an irgend jemand seine Frage zu richten: Wer ist Gott?« Ich behaupte aber ganz und gar nicht, daß das Gesetz des Alters darin besteht, sich ausschließlich in tiefschürfende religiöse Studien zu versenken, die Frage zu ergründen, wer Gott sei. Als philosophische und theologische Streitfrage gehört dieses Nachforschen eher ins Lebensalter der Tat.

Aber in welchem Alter auch immer diese persönliche Begegnung mit Gott erlebt wird, sie bildet das große Ereignis des Daseins, das einzige Ereignis, welches ein entscheidendes, wenn auch noch verschleiertes Licht auf den Sinn des Lebens wirft. Die Begegnung kann in der Kindheit stattfinden, wie für einen Samuel, im reifen Mannsalter, mitten in einer beruflichen Tätigkeit, wie für einen Apostel Petrus, oder noch im hohen Alter, wie für einen Simeon; immer bildet sie das einzige entscheidende Erlebnis. Mit Simeon kann der betagte Mensch sagen: »Herr, nun lässest du deinen Diener im Frieden fahren; denn meine Augen haben deinen Heiland gesehen.« Gott, seine Gnade, sein Heil erkennen, das ist der Sinn des Lebens. »Welches ist das Ziel des Menschen?« schrieb Calvin am Anfang seines Katechismus. – »Gott erkennen. – Worin besteht sein Glück? – Ebenfalls darin.«

Offensichtlich verblassen die Grenzen der Jahreszeiten jetzt. Es ist das ganze Leben, das wir nun mit einem Blick umfassen, und es reicht schon in die Auferstehung hinüber. Man kann Gott erkennen in der Zeit des folgsamen Lernens der Kindheit, mitten in der Tätigkeit des reifen Lebens, im beschaulichen Ruhestand des Greisenalters. Diese Erkenntnis ist es, die der gemeinsame Nenner aller Altersstufen bleibt.

Ich habe Gott schon in meiner Kindheit kennengelernt, auf sehr naive Weise noch; aber ich segne jene, die mich dazu geführt haben. Es bedurfte einer großen Umwälzung, damit diese Erkenntnis über einige abstrakte Vorstellungen von Gott – so richtig sie auch gewesen sein mögen – hinauswuchs. Es war notwendig, daß ich Gott in der konkreten Tätigkeit des Mannesalters begegnete, im Dialog mit inspirierten Menschen, die mein tägliches Leben, mein Heim, meine Arbeit als Arzt unter die göttliche Erleuchtung stellten. Seither ist Jesus Christus der unsichtbare Gefährte all meiner Tage geworden, der Zeuge meiner Erfolge und meiner Niederlagen, der Vertraute in Freud und Leid. In diesem Leben mit ihm festigt und verfeinert sich diese Gotteserkenntnis unaufhörlich. Alles, was ich noch erhoffen kann, wenn die Zeit der Tat für mich beendet sein wird, ist, daß ich noch zunehme an Reichtum der Erkenntnis.

Gewiß, diese Fülle erreicht man hienieden nie ganz, aber sie beginnt hier auf Erden. Wie der Apostel Paulus es sagt:

»Wir sehen jetzt durch einen Spiegel.« Mit ihm weiß ich, daß ich jenseits des winterlichen Todes Gott von Angesicht zu Angesicht erkennen werde, wie er mich sogar schon vor meiner Geburt erkannt hat. Daher können wir, ohne den Rahmen unseres Themas zu sprengen, die Zeit des Herannahens des Todes mit dem Übergang vom Herbst zum Winter vergleichen. Unser großes Vorrecht als Arzt, der als erster den Menschen in dieser Welt bei seiner Geburt empfängt, ist es, ihn getreulich bis zu seinem letzten Atemzug an die Pforte des Todes zu begleiten, während wir wissen, daß dieser ganze Weg einen Sinn hat, daß er irgendwo hinführt, in die geheimnisvolle Fülle, die uns angekündigt ist.